D1058077

NARRADORES DEL XXI

COLECCIÓN
aulaatlántica

COORDINADA POR
JULIO ORTEGA

AULA ATLÁNTICA es un lugar para el encuentro de todas
las orillas de la lengua: América Latina, el Caribe, España,
Estados Unidos. Compilados por especialistas universitarios,
estos libros —clásicos, modernos, contemporáneos— suman
una colección que provee a estudiantes, maestros y lectores
de títulos y perspectivas capaces de renovar el gusto por
la lectura compartida de nuestro territorio franco:
las imaginaciones creativas más intensas
y afortunadas del idioma.

Pablo Montoya
Lina María Pérez Gaviria
Octavio Escobar Giraldo
Ricardo Silva Romero

Narradores del XXI

CUATRO CUENTISTAS COLOMBIANOS

PRÓLOGO, BIBLIOGRAFÍA Y NOTAS DE
JAIME ALEJANDRO RODRÍGUEZ R.

FONDO DE CULTURA ECONÓMICA

Primera edición, 2005

Montoya, Pablo, et al.
    Narradores del XXI. Cuatro cuentistas colombianos / Pablo
Montoya, Lina María Pérez Gaviria, Octavio Escobar Giraldo, Ricardo
Silva Romero ; pról., biblio. y notas de Jaime Alejandro Rodríguez R.
— México : FCE, 2005
    205 p. ; 21 × 14 cm — (Colec. Aula Atlántica)
    ISBN 968-16-7598-3

    1. Cuentos 2. Literatura colombiana — Siglo XXI I. Pérez Gaviria,
Lina María, coaut. II. Escobar Giraldo, Octavio, coaut. III. Silva Romero, Ricardo, coaut. IV. Rodríguez R., Jaime Alejandro, pról. V. Ser VI. t

LC PQ8176 .S5   Dewey Co864 M445n

Comentarios y sugerencias: editor@fce.com.mx
www.fondodeculturaeconomica.com
Tel. (55)5227-4672 Fax (55)5227-4694

Diseño de portada e interiores: León Muñoz Santini

D.R. © 2005, FONDO DE CULTURA ECONÓMICA
Carretera Picacho-Ajusco, 227; 14200 México, D.F.

Se prohíbe la reproducción total o parcial de esta obra
—incluido el diseño tipográfico y de portada—,
sea cual fuere el medio, electrónico o mecánico,
sin el consentimiento por escrito del editor.

ISBN 968-16-7598-3

Impreso en México · *Printed in Mexico*

Índice

Prólogo:
El cuento,
más saludable que nunca

H ACE UNOS TRECE AÑOS el profesor Alvin Kernan lanzó desde Princeton un angustioso llamado de alerta por lo que él denominó *la muerte de la literatura.* Según Kernan, la literatura contemporánea ha soportado una época de disturbios radicales cuyos efectos habrían sido desastrosos. Al autor, cuya imaginación creadora se tenía como fuente de la literatura, se le declara muerto o un simple ensamblador de diversos retazos de lenguaje y de cultura; los escritos ya no son más que collages o textos. A la gran tradición literaria se la ha descompuesto de diversas maneras. La propia historia queda descartada como pura ilusión diacrónica. Se sostiene que la influencia de los grandes poetas no sólo no es benéfica sino más bien una fuente de angustia y debilidad. Las grandes obras carecen de sentido: están plagadas de infinidad de sentidos, pues todo sentido es siempre provisional. La literatura en vez de ser vehículo y modelo de experiencias es tratada como discurso autoritario, como la ideología de un patriarcado etnocentrista. La crítica, otrora sirvienta de la literatura, ha proclamado su independencia e insiste en que ella es también literatura.

Como si fuera poco, se acusa a la literatura de elitista y represiva. La televisión, cada vez más, desplaza al libro, y su forma idealizada sufre el impacto más fuerte. Se agrava la crisis del analfabetismo, lo que ha obligado a convertir los cursos universitarios de literatura en cursos de composición y redacción. La literatura "seria" ya no cuenta con público, ni distribución, y la crítica ha deconstruido los principios básicos, declarando la literatura como categoría ilusoria, al lenguaje como incapaz de soportar un sentido y a la interpretación como asunto de elección personal. De otro lado, la literatura se ha utilizado como propaganda política en favor de la igualdad de sexos y de razas.

También la educación literaria habría sufrido sus trastornos, no sólo debido al bajón en la capacidad de lectura sino a una especie de extensión del relativismo en medio de la comunidad universitaria, misma que habría generado en los profesores una proclividad a desdeñar los valores de esa educación, y habría provocado en los estudiantes el abandono de la lectura de las grandes obras "para vivir en un estupor de tolerancia universal, apatía e ignorancia" (*La muerte de la literatura,* Caracas, Monte Ávila, 1996, p. 12).

Todo esto como un gran sumario de la situación de la institución literaria. Pero quizá lo más interesante de este diagnóstico es que Kernan lo incluye dentro de una amalgama de hechos que reflejan una situación más preocupante, pues no sólo las artes sino nuestras instituciones tradicionales —la familia, la ley, la religión y el Estado— se habrían descompuesto, en el marco de una alteración social más amplia (*La muerte de la literatura,* Caracas, Monte Ávila, 1996, p. 204), cuyos signos serían la transformación de una economía manufacturera en una economía de servicios, el paso de un modo de obtener información basado en la imprenta a un modo electrónico, de una economía de la escasez y el ahorro a la "sociedad de la abundancia" consumista, de una política de la representación a una política del activismo social individual y grupal, de una concepción positivista de los hechos a una concepción relativista de la "imagen", de una aceptación de la autoridad a la libertad individual del elegir, y de una disciplinada auto-negación al hedonismo, la permisividad, la autoindulgencia y el culto al narcisismo.

Estas observaciones de Kernan se han utilizado en dos sentidos. Algunos se han valido de ellas para relativizar de una vez por todas el papel cultural, otrora central, de la litera-tura; y otros, al contrario, han iniciado una reacción, advir-tiendo sobre los nefastos efectos que podría tener la desapari-ción de la cultura del libro. Entre ellos vale la pena mencionar a Carlos Fuentes, quien en el prólogo de su libro *Geografía de la novela* (México, FCE, 1993, pp. 18-31) afirma que la literatu-ra tiene todavía un papel importante en medio de los escena-rios contemporáneos, y que los embates que ha sufrido le han servido para vislumbrar y desarrollar mejor sus funciones. Según Fuentes, la idea de que la novela ya no aporta noveda-des tuvo sentido como una reacción a la potencia narrativa de otros medios como el cine, la televisión y el periodismo. Sin embargo, esta reacción produjo un efecto contrario: la cons-tancia de que la novela podía seguir ofreciendo su función narrativa al lado de estos medios y de otros como la informá-tica que anunciaban el fin de *la era de Gutenberg*. La novela desempeña un papel importante en cuanto información signifi-cativa en medio de la abundancia de información que facilitan los nuevos medios, los cuales tienen características que la novela fácilmente supera. Por eso Fuentes cambia la pregunta sobre una supuesta muerte de la novela y la plantea de la si-guiente forma: ¿qué puede decir la novela que no puede decir-se de ninguna manera?

Su respuesta no puede ser más clara: la novela sigue teniendo receptividad porque sigue planteando asuntos significativos. La novela es una búsqueda verbal de lo que espera ser escrito y no sólo le atañe una realidad visible y cuantificable sino, sobre todo, una realidad invisible, marginada y muchas veces intolerable y engañosa. La novela, según Fuentes, es el vehículo para decir lo que necesita ser dicho mediante un concepto amplio, conflictivo y generoso de la verbalidad narrativa; no sólo lo que es real o lo que es políticamente correcto, sino lo que es universalmente posible.

Y la suerte del cuento no tiene por qué ser menos radiante. Este género incluso podría verse mejor librado en medio de esos escenarios tormentosos, pues su intensidad, su economía verbal y su eficacia lo hacen más compatible con la flexibilidad y la velocidad propias de los nuevos medios, incluso del electrónico, donde ha tenido una gran difusión. No es gratuita, por ejemplo, la gran promoción de la que ha venido siendo objeto en Internet la llamada *ficción breve* en los últimos tiempos, ni tampoco la exploración de temas como el de la literatura negra o la ciencia ficción, con la que se ha querido estimular una diversificación de sus asuntos. Si bien el cuento es un género muy exigente tanto para su creador como para su lector, se ha venido adaptando muy bien como expresión contemporánea, garantizando así su funcionalidad y presencia.

EL CUENTO COLOMBIANO

En Colombia, el cuento ha ido constituyéndose poco a poco en un género con estatus y entidad propias y las editoriales empiezan a apostarle, de modo que su publicación es cada vez más creciente. Son también más frecuentes y serios los intentos por ordenar la producción cuentística colombiana, así como los estímulos que, a través de concursos y premios nacionales, promueven la extensión de su práctica. Lejos ha quedado la idea de que el género es apenas la puerta de entrada a la novela, pues muchos escritores jóvenes o lo mantienen como su expresión más visible o lo siguen practicando a pesar del éxito en el género novelesco. La convocatoria de público se ha extendido para el género y la flexibilidad de temas y formas que han sabido asumir los nuevos narradores le ha permitido granjearse una receptividad envidiable. Hoy podemos afirmar que, a la par con la novela, el cuento reciente asume una tradición y un compromiso que le augura una vida literaria saludable y prolongada.

Luz Mary Giraldo, estudiosa de la narrativa colombiana, es quizá la persona que más le ha dedicado tiempo y reflexión al cuento colombiano reciente. En su libro *Nuevo cuento colombiano, 1975-1995* (México, FCE, 1997), determina las tendencias de las últimas décadas, observa los juegos y experimentaciones narrativas, explora las preocupaciones temáticas, la influencia de los procesos históricos culturales en la expresión, y propone un corpus paradigmático de jóvenes autores. Por otra parte, su libro dedicado al cuento colombiano de final de siglo XX (*Cuentos de fin de siglo: antología,* Bogotá, Seix Barral, 1999) es una referencia inevitable a la hora de dar cuenta de la narrativa que despunta en estos albores del siglo XXI.

Según Giraldo, un grupo de escritores, nacidos a fines de la década de 1950 y durante la de 1960, constituye el corpus de narradores de fin de siglo XX, "caracterizado por una estética de retorno a modos narrativos convencionales, cierto anacronismo escritural y la predilección por temas del momento, la estridencia de lo inmediatista y banal, la violencia urbana, los mecanismos policiacos y periodísticos y, en algunos casos, el regreso al misterio y al suspenso".

Este grupo parece apartarse de actitudes propias de generaciones anteriores como el sentido crítico y el carácter experimental y contestatario, y se orienta más a recuperar el sentido lúdico de la fábula y de la narrativa como ejercicio de escritura del mundo actual: "hijos de la crisis de valores [...] no asumen de manera tajante el enjuiciamiento a la historia y la cultura, el carácter testimonial, comprometido o de búsqueda [...] pues en sus narraciones el presente se ajusta más a la truculencia y a la vivencia de vacío..."

Entre los narradores que propone Giraldo se encuentran: Hugo Chaparro Valderrama, Santiago Gamboa, Sonia Truque, Susana Henao y Mario Mendoza, autores proclives a la historia psicológica y existencial, desarrollada ya sea en formato de literatura policial o fantástica o acudiendo al llamado realismo sucio. En contraste, autores como Philip Potdevin y Juan Carlos Botero proponen la expresión de un pensamiento o incluso de una conceptualización basados en la fábula sencilla o la anécdota convencional. Por su parte, autores como Enrique Serrano optan por la recreación de historias clásicas o legendarias, mientras otros como Consuelo Triviño, Colombia Truque, Carmen Cecilia Suárez y Julio Paredes lo hacen por una escritura intimista. A la cultura de masas apelan autores como Rafael Chaparro Madiedo, Octavio Escobar y Héctor Abad Faciolice.

A ellos habría que agregar nombres como los de José Manuel Rodríguez, residente en los Estados Unidos, quien nos ofrece un universo fantástico muy particular y estimulante que bordea en la desmesura; Óscar Castro García, quien propone una prosa intimista y esperanzadora; Evelio José Rosero y Pedro Badrán, quienes expresan, cada uno a su modo, la desolación y el miedo de la vida urbana; Efraín Medina Reyes, cuya escritura y ambientación, según Giraldo, están determinadas por lo instantáneo, la injuria, lo grotesco y la estética *garbage;* y Jorge Franco, abanderado de la llamada "literatura de la nueva violencia".

LA ANTOLOGÍA

Tres de los autores seleccionados para la presente muestra forman parte de la generación que Giraldo ha llamado como de fin de siglo (Lina María Pérez, Octavio Escobar y Pablo Montoya) y un cuarto (Ricardo Silva) proviene de la nueva camada de escritores que empieza a surgir, nacidos estos a finales de la década de 1970. Los cuatro conforman una muestra suficientemente representativa, aunque reducida, de la reciente práctica del cuento en Colombia. No se trata de autores tan conocidos como lo podrían ser Jorge Franco y Mario Mendoza, pero sí de escritores de gran proyección y con mucha presencia potencial en la cuentística nacional.

Se ha intentado con esta selección satisfacer varios criterios de diversidad. El primero tiene que ver con el lugar de origen. Dos de los escritores son bogotanos y los otros dos de provincia: uno de Manizales y el otro de Barrancabermeja, radicado ahora en Medellín. El segundo criterio es el del reconocimiento de su obra. Tres de los autores han sido merecedores de premios y menciones en concursos nacionales (varios para Octavio Escobar, Lina María Pérez y Pablo Montoya); además, Lina María Pérez ganó el Premio Juan Rulfo en 1999. Por su parte, Ricardo Silva, si bien no ha obtenido premios en narrativa (curiosamente sí en poesía), ha sido muy bien tratado por la crítica nacional. La trayectoria también es diversa y Escobar y Montoya son los que más han publicado libros. Se ha buscado también un equilibrio en cuanto género. Con respecto a este criterio es preciso anotar que la producción cuentística por parte de mujeres no es muy amplia en Colombia, aunque sí ha existido cierta tradición y varias de ellas se han destacado.[1]

---

1. Muestra de ello es el libro de Luz Mary Giraldo, *Ellas cuentan, una antología de relatos de escritoras colombianas, de la Colonia a nuestros días,* Bogotá, Seix Barral, 1998.

En cuanto a su fidelidad al género, podemos anotar que Lina María Pérez sólo ha publicado cuento, mientras que Montoya, Escobar y Silva lo han hecho en otros géneros, aunque no ya con la tendencia al abandono del cuento que se dio en otros tiempos. Puede, pues, calificarse a todos ellos, con tranquilidad y certeza, como cuentistas colombianos.

Pero hemos insinuado también que estos cuentistas son narradores del siglo XXI, y lo hemos hecho con dos intenciones. En primer lugar, para sugerir su inevitable visibilidad como autores que publican en estos primeros años del nuevo siglo. En efecto, la trayectoria que han empezado a delinear, la calidad de sus relatos y los afectos por el género permiten augurar que estos cuatro autores seguirán siendo referencias claves de la narrativa, y específicamente de la cuentística, colombiana durante varios años. En segundo lugar, hemos querido aludir a la idea de que la narrativa de estos cuatro autores cumple con el imperativo de todo arte de no dar la espalda a la sociedad de su tiempo. Intentaremos mostrar a lo largo de estas páginas introductorias cómo el arte de estos narradores es, ciertamente, en contenido y en forma, un arte correspondiente a esa época nueva que podríamos llamar el siglo XXI.

LOS AUTORES

PABLO MONTOYA

Ha publicado cuatro volúmenes de relatos. Es un apasionado de la música y de la historia. Su estadía en París (donde se doctoró en Literatura) le ha permitido ganar en referencias y experiencias que después pueblan sus relatos. De una escritura exquisita y sugerente, este escritor se mueve por el género como pez en el agua, sin aspavientos y, en cambio, con una expresión muy eficaz. Ha pasado del cuento alegórico y urbano al de la referencia histórica, sin abandonar la reflexión sobre el país, pero totalmente exento del panfleto o de la crónica fácil. Con el volumen *Viajeros* incursiona en la prosa poética, la estampa histórica y la biografía apócrifa, demostrando una gran flexibilidad en su estilo. Sus relatos no suelen ser largos, sino más bien concisos y con un manejo magistral de la tensión. Hace uso admirable de la fragmentación como técnica, lo que le permite la economía en la secuencia, así como la yuxtaposición sorprendente de los tiempos y de los espacios.

La crítica ha destacado tres elementos de su erudición: las referencias a la historia, especialmente a personajes históricos; su recurso a la música, que es utilizada más que como telón de fondo, como generadora de ritmos y estructuras narrativas, y el tratamiento de espacios que hacen de su obra un espléndido paisaje cosmopolita.

Por lo general, acude a la frase corta, a la alegoría y a una dosificación estratégica de la información que a duras penas va recogiendo el lector, con lo que logra convocar conexiones implícitas y extraordinarias. Sus temas más frecuentes son la muerte, la soledad y el destino, pero sus textos se llenan de una cultura vasta y profunda que universaliza su expresión y la integra, muy oportunamente, a un ámbito global.

LINA MARÍA PÉREZ GAVIRIA

Ha publicado un libro de relatos, producto de una beca otorgada por el Ministerio de Cultura, en el que recoge sus cuentos premiados en diversos concursos. En todos su relatos hace uso de una fina factura narrativa y de una escritura concisa, que evita la metáfora ostentosa o inocua para concentrase en la historia y sus efectos sobre el lector.

Tanto el tratamiento de los relatos como sus temas permiten ubicar su narrativa dentro de la llamada *literatura negra,* en la cual, los asesinatos y las muertes violentas contrastan con la vida aparentemente insignificante de los personajes y constituyen el eje principal de la narración.

La ironía y el engaño son algunos de los tópicos que hacen mayor presencia a lo largo de los cuentos de Lina María. En todos ellos, la atención se centra sobre un personaje que el narrador sabe captar en un momento crucial de su vida y del cual nos ofrece los datos de su existencia, mientras que subrepticiamente se van tejiendo hilos que conducirán inevitablemente al efecto sorpresa.

En muchos casos, la autora se vale de la técnica de cambio inesperado de focalización para lograr la inversión de la estructura narrativa, con lo que el lector cae ingenuamente en una trampa de calibre semejante a la que han tenido que soportar también los personajes de la obra, asegurando de esta manera, sutil e inteligente, la identificación del lector.

Esa necesidad de alcanzar eficazmente la atención y la identificación del lector a través del giro inesperado de la historia obliga a la escritora a evitar demasiados riesgos técnicos, de modo que su apuesta escritural se centra en el efecto final, algo que sabe lograr con maestría. Entretanto, el relato nos deja el retrato de seres humanos perplejos y en ocasiones acosados por el desamor, el odio, la soledad o la violencia.

OCTAVIO ESCOBAR GIRALDO

Es el autor más maduro y constante de los cuatro seleccionados, a la vista de la gran cantidad de reconocimientos, premios y distinciones obtenidas, no sólo en el género cuento, sino en el de novela. Demostración de ello es que recientemente, a finales del año 2002, obtuvo el Premio Nacional de Cuento de la Universidad de Antioquia² con su libro *Hotel en Sahngri-Lá,* y a comienzos de 2003 la VIII Bienal Nacional de Novela "José Eustasio Rivera", con el libro *El álbum de Mónica Pont.* Algunos de sus libros tienen ya varias ediciones, y varios relatos han sido traducidos, lo que constituye otro indicador de madurez del escritor.

Dos de sus obras más comentadas son: el libro de cuentos *De música ligera* (Premio Nacional de cuento 1998) y la novela *El último diario de Tony Flowers* (ganadora en los II Nuevos Juegos Florales de Manizales).³ En la primera, Escobar recurre a la música popular como pretexto para dar cuenta de historias que recogen los cambios reales y mentales de la Manizales de los años de la adolescencia, a través de la nostalgia de sus protagonistas. Es un libro que expone los sentimientos y las conciencias que se han generado a partir de la transformación de los imaginarios urbanos, con un excelente recurso a la oralidad como expresión de sus personajes.

La segunda es una obra que toma como referencia al cine y a la literatura misma y los convierte en una "segunda realidad" que se superpone a la estrecha realidad cotidiana y racional, en un ejercicio de metaficción e intertextualidad realmente lúcido. La novela concreta de manera casi paradigmática la llamada estética posmoderna,⁴ con sus tres dimensiones: la relativización de toda verdad, la intensa promoción del concurso del lector y la re-presentación y potenciación del mundo de la ficción.

Escobar posee una gran habilidad narrativa que le permite andaduras muy diversas: desde el tratamiento de la fábula

---

2. Centro de educación superior de la provincia colombiana de Antioquia. 3. Capital de la provincia colombiana de Caldas.   4. Para una revisión de la posmodernidad literaria de *El último diario de Tony Flowers,* véase mi artículo homónimo en http://www.javeriana.edu.co/sociales/sociales_virtual/publicaciones/novelacol/contenido/bibliograf/jar_otrostxt/tony.html

convencional hasta la elaboración de verdaderas parodias metaficcionales, desde el eficaz aprovechamiento de la cultura popular, hasta la pulcritud del cuento histórico y culto, desde la ironía más sutil hasta la inteligencia contundente de la ficción breve. Y todo esto con un uso a la vez preciso, creativo y fluido del lenguaje.

RICARDO SILVA ROMERO

Es el más joven de los autores seleccionados. Sin embargo, ya cuenta en su haber con una importante trayectoria que incluye: un libro de cuentos, dos novelas, un libro de poemas (ganador del primer premio en el Concurso del Instituto Distrital de Cultura y Turismo de Bogotá en 2000) y numerosos relatos en revistas y antologías.

Toda su obra se destaca por el empleo del humor como estrategia de oposición frente al desastre de las situaciones narradas y la frustración de sus personajes. Silva, al igual que otros autores latinoamericanos como Augusto Monterroso, recurre a una propuesta expresiva que ha encontrado en las actitudes y situaciones cómicas una solución estética. Nada más apropiado para acceder a la obra de Silva Romero que acudir a las afirmaciones de Arnold Hauser, según las cuales el humor es una forma de expresión moderna que, a la par con la tragedia, sirve para comprender mejor la imagen de la vida contemporánea en su complejidad y en su contradicción internas.[5] El humor, como la tragedia, considera el *no* de la situación: es escéptico y crítico, pero también, a diferencia de la tragedia, el *sí:* con su sobriedad, con la recuperación de las verdaderas proporciones, con su flexibilidad, impide el surgi-

5. Arnold Hauser, *Origen de la literatura y del arte modernos.* I. *El manierismo, crisis del renacimiento,* Labor, 4a. ed., Barcelona, Guadarrama; el capítulo sobre "el descubrimiento del humor" (pp. 317 y 355).

miento de la desesperación y de la renuncia definitiva. "En la tolerancia consiste la esencia del humor", nos dice Hauser; el humor devela la complejidad de la vida moderna, pero relativiza su tragedia.

Maestro de la peripecia, Silva acude a su formación como literato (y a la conciencia lúcida y perversa de la literatura) para proponer relatos elaborados con inquina, capaces de asestar los más duros golpes a los valores mejor establecidos. No confía en nada, no avala ningún principio y se burla de cuanta certeza hemos construido. Maneja la categoría del narrador con una habilidad inigualable y se vale de códigos cotidianos para preparar los efectos devastadores de su discurso. El énfasis de los relatos de Silva se ejerce sobre la componente crítico-escéptica del humor, lo que los acerca a la ironía socrática, inteligente y mordaz.

LOS CUENTOS SELECCIONADOS

Se ha intentado compendiar relatos de los cuatro narradores de modo que se cumpla una doble condición: que sean suficientemente representativos de la obra de cada uno y que, a la vez, muestren una diversidad apreciable para el lector que quiera, ante una reducida muestra, hacerse una idea de las tendencias más recientes del cuento colombiano.

Los primeros cuentos corresponden a la producción de Pablo Montoya. El primero es "El conductor", un relato alegórico en el cual un hombre es encargado de conducir un autobús y recoger pasajeros, según unas reglas precisas pero herméticas. Las situaciones que se suceden son extrañas y misteriosas, como si estuvieran regidas por la lógica de los sueños, e invitan por eso a la interpretación. Al final, y después de que el conductor encuentra efímeramente el amor de una mujer, éste abandona el autobús sin mucha justificación, dejando una sensación de desconsuelo y resignación.

En "Cruce de miradas", dos personajes convergen sin saberlo en una estación parisina de trenes. Sus historias también confluyen, gracias al narrador que las sustrae de sus atormentadas memorias. Una, la de la mujer, evoca la época de los campos de concentración nazi. La otra, la del hombre, alude a los tiempos del terror oficial en la Colombia contemporánea. La secuencia del relato está constreñida a la duración de un instante: el del cruce de miradas de los dos personajes, pero las historias tienen más de una simetría, generando esa conmoción del saber que la historia del terror y de las traiciones es una sola, independiente de tiempos y espacios.

Algo similar sucede en "Razia". Cuatro fragmentos dan cuenta cada uno de la misma ansiedad de una mujer que duerme al lado de su hombre y que espera la inevitable irrupción de fuerzas enemigas. En el primer caso, se trata de los contrarios a la revolución de los hugonotes, de la cual ha hecho parte la pareja. En el segundo, de los traidores del pacto de paz de la llamada "revolución comunera" en la Colombia preindependentista. En el tercero, de buscadores de judíos durante la segunda Guerra Mundial. Y finalmente, en el cuarto fragmento, de los llamados "escuadrones de limpieza" que asesinan a los desplazados por la violencia en Colombia y que, como la pareja de este último relato, suelen refugiarse en barrios marginales. Si se obviaran los índices de época y circunstancia que permiten identificar las diferentes situaciones, podría tratarse de una única secuencia que iría desde el presentimiento de la mujer hasta la consumación del crimen. Pero, sutilmente, nos encontramos ante la contundente ilustración de la tesis, según la cual, la historia humana no es más que una manifestación del mito del eterno retorno.

"El madrigal" es la historia del Príncipe Venosa, músico de gran talento, desposado felizmente, pero que ha descubierto de pronto la traición de su amada. A la par con el cálculo de su mortal venganza, y en medio de un ambiente muy tenso, el Príncipe compone una pieza musical que, por instrucciones suyas, deberá ser ejecutada en los funerales del amante asesinado.

"Vela apagada" es el íntimo testimonio de los momentos previos al intento de suicidio de Robert Schumann, quien acosado por alucinaciones intolerables ha decidido ahogarse en el río y anticipa a Clara, su amante, las causas y circunstancias de su muerte inminente.

Se han seleccionado tres cuentos de la obra de Lina María Pérez. El primero, "Los muertos tienen mala reputación", relata la historia de Leonardo, antiguo indigente que ha convertido el cementerio no sólo en su casa sino en su universo personal. Además de su hogar, es también su fuente de sustento, pues Leonardo saquea las tumbas y vende los objetos en el mercado negro. Pero algo hará que ese mundo calculado y casi perfecto, si bien extraño, se vea amenazado.

"Sonata en mí" es un espléndido relato en el que Araminta, una paciente en estado de coma, monologa motivada por la música de César Franck, que suena como parte del ambiente terapéutico de la sala de hospital donde se encuentra. Poco a poco, Araminta, sin que nadie pueda imaginar lo que está sucediendo en ese mundo interior, va alcanzando conciencia de su estado y de sus causas. La determinación de Araminta, con la que se cierra el cuento, es a la vez dura y sorprendente, y seguramente impactará el mundo exterior de forma totalmente imprevisible.

En "Ni quedan huellas en el agua", se propone una suerte de estructura narrativa policiaca en la que extrañamente la tensión no se centra tanto en el develamiento de las circunstancias de la muerte del personaje como en la necesidad de explicar la imagen de la "escena del crimen". Una imagen que se le sugiere al lector desde la primera página como foco de curiosidad. Es sobre esa imagen absurda, maravillosa, perversa, sofisticada y truculenta sobre la que el relato enfila sus baterías narrativas, generando un ambiente de suspenso a la vez lírico y envolvente.

De la obra de Octavio Escobar se han seleccionado seis relatos, dos de los cuales, "Infestación" y "Apócrifo", son magníficos cuentos breves que retan la inteligencia y la cultura del lector. Los otros cuatro permiten apreciar la capacidad del autor para afrontar con total naturalidad temas y formas narrativas muy diversas. La imposibilidad de incluir aquí muestras de su libro más conocido, *De música ligera,* impide, sin embargo, obtener todo el horizonte narrativo que habría sido deseable y justo para con el autor.

"Propp, Star Trek, Augusto Monterroso" podría calificarse como un cuento metaficcional en la medida en que su asunto es el análisis literario y el ambiente académico que rodea su práctica, si bien el relato lo desarrolla con gran ironía, mostrando cuán petulante y artificioso puede resultar ese ejercicio intelectual.

En "La muerte de Dioselina", un narrador muy cercano a los hechos nos cuenta la historia de Julio, un muchacho huérfano, acogido felizmente en casa de sus abuelos, que hace el paso hacia la adolescencia. La muerte de la vieja mucama de la casa desencadena una serie de hechos que culminan en la adquisición de las conciencias necesarias para su conversión en adulto.

"Léonie Bathiat" es la sugerencia de un caso de reencarnación. Verónica Franco, una misteriosa mujer, se aparece en la vida del abogado Calle, narrador y protagonista del relato. Verónica parece haberlo escogido para darle a conocer sus secretos y entregarle sus encantos. La idea del eterno retorno es aquí tratada con humor e ironía, desprovista de visos trágicos.

"Ajedrecistas" es la metáfora de los juegos peligrosos de la inteligencia humana. En un estilo apretado y conciso y acudiendo a la técnica del cambio imprevisto de enfoque, relata el cruce de tres historias que sólo se resuelven la final del cuento. Tres historias que quedan apenas insinuadas, pues lo importante aquí es el asunto que las une: el engaño, la apariencia, el ardid, del que somos también víctimas los lectores.

Para la muestra de la obra de Ricardo Silva, se han seleccionado tres relatos. El primero de ellos es "Enfermo terminal", la confesión de un hombre que ingresa por primera vez a Alcohólicos Anónimos y cuenta su historia ante un grupo que lo escucha atento. Un narrador presente en la reunión es quien hace para nosotros el relato de este hombre, un joven abogado que intentó ocultar su alcoholismo, pero que finalmente cayó hasta la indigencia. La distancia del narrador frente al personaje y a su confesión permite el desarrollo de la parodia con la que se caricaturiza no tanto la situación del abogado, sino más bien la eficacia de las terapias de grupo.

"El Cucho" es la narración de un partido de fútbol en un campeonato interescolar. En este cuento está presente en toda su potencialidad sarcástica el humor arrollador de Silva. Uno a uno, mientras no paramos de reírnos con las ocurrencias del narrador, los personajes del relato son demolidos: el rector del colegio, sede del campeonato, el profesor de filosofía, los estudiantes y, por supuesto, *el Cucho*, entrenador del equipo y veterano de la guerra de Corea. Pero el objetivo de la deconstrucción no es tanto los personajes, como los valores que representan. Al final nos quedamos con un desenlace feliz pero totalmente insignificante.

"Hitchcock" es un magnífico pastiche de las narraciones mismas de afamado director de cine inglés. En el cuento, Hitchcock es obligado a hacer parte de una truculenta y onírica historia de suspenso. Es a la vez un homenaje y una crítica al tipo de relatos que hicieron famoso al director, en el que las conspiraciones, los asesinatos y los esguinces detectivescos irrumpen en la vida pacta de un Hitchcock impensable.

Cuatro autores, diecisiete relatos, una pequeña, pero ilustrativa muestra de la salud del cuento colombiano y de su capacidad para seguir ofreciendo ese necesario testimonio de "una realidad invisible, marginada y muchas veces intolerable y engañosa" que hoy, más que nunca, a la entrada de un nuevo milenio, nos urge reconocer.

JAIME ALEJANDRO RODRÍGUEZ R.

Líneas de análisis
y temas de profundización

U N EJERCICIO DE ANÁLISIS de los cuentos seleccionados no estaría completo si no se recurre a cuatro estrategias que aquí se ilustrarán brevemente:

1. La contextualización del material seleccionado frente a
   la tradición narrativa colombiana y latinoamericana.
2. La observación del modo en que se cumplen las condiciones de género.
3. La revisión de las técnicas narrativas empleadas y su
   funcionalidad intrínseca y extrínseca.
4. La revisión de las relaciones entre literatura y cultura, expresadas de diversa manera en los relatos seleccionados.

1

EL PRIMER PUNTO está ya esbozado en la presentación de la
antología, pero pudiera ser útil comentar un par de cosas
más.[1] En primer lugar, el cumplimiento que se da para el cuen-

1. Para un examen de la evolución de la narrativa en Colombia, véase mi estudio publicado en http://www.javeriana.edu.co/narrativa_colombiana/
(clave de ingreso: *narrativa_col*).

to de ciertas características generales de la evolución de la narrativa colombiana. Ésta parece marcada por algo que, de alguna manera, también ha observado Donald L. Shaw para la narrativa hispanoamericana en general (*Nueva narrativa hispanoamericana,* Madrid, Cátedra, 1988, p. 11), esto es, la alternancia y a veces convivencia de dos modos de narrar: el modo de observación, con un énfasis en el realismo y el costumbrismo, y el modo artístico con énfasis en la técnica, el contenido novedoso y la experimentación. En concreto, en la Colombia de los últimos cien años, la narrativa habría pasado por un modo modernista (artístico), una narrativa de la violencia (modo de observación), para desembocar en una síntesis más o menos ecléctica o posmoderna de las dos tendencias.

Considero que el cuento colombiano no se aparta de las tendencias generales de la narrativa: la exploración del lenguaje, la potenciación de la fábula y la indagación de realidades inéditas o resignificadas. Un inmenso paisaje de objetos heterogéneos y no siempre asociables se configura en la narrativa colombiana de fines del siglo XX y comienzos del XXI, en la que se investiga el pasado nacional o se trabaja la ciudad o bien se realza la parodia o se ensayan los parámetros posmodernistas, en busca de una expresión más autentica que los jóvenes narradores se ven obligados a encontrar como respuesta a la consigna de derogar el macondismo.

En la obra de Escobar, por ejemplo, se presentan los dos modos de narrar: cuentos como "Ajedrecistas" o "La muerte de Dioselina" son cuentos más cercanos al modo narrativo de la observación, mientras que "Propp, Star Trek, Augusto Monterroso" se puede vincular más al modo posmoderno. Los cuentos de Lina María Pérez pertenecen a un modo de observación, donde la cotidianidad y la violencia se mezclan en esa fórmula que algunos llaman *literatura negra.* Los relatos de

Montoya parecen producto de la observación, pero su exposición fragmentada y su invitación a la solidaridad activa por parte del lector los hace participar de la corriente artística. Los cuentos de Silva son francamente posmodernos, no ya por los riesgos técnicos como por la "observación" y exposición ficcional y paródica de la caída de las grandes ideologías modernas que propone en sus cuentos.

2

EN CUANTO A LAS CONDICIONES GENÉRICAS, resulta útil acudir a las observaciones de Carlos Pacheco (*Del cuento y sus alrededores*, Caracas, Monte Ávila, 1993, pp. 13-28). Entre los artificios propios de la elaboración estética del cuento literario, Pacheco destaca la brevedad de su extensión como un carácter visible pero no necesariamente obvio. La brevedad es explicada como resultado de la necesidad interna y externa, estructural y sicológica del cuento mismo. Otra característica que reseña Pacheco es la unidad de concepción y de recepción. A diferencia del novelista, el cuentista se concentra en situaciones muy precisas y ordenadas bajo un criterio de unidad y exactitud que va a exigir un tipo de lectura y expectativa distintas a la lectura de novelas. Esta unicidad genera un manejo muy especial de la intensidad y de la tensión narrativa. Pacheco también acerca el cuento a la tradición romántica, según la cual el mundo consiste en algo más que aquello que puede ser percibido a través de los sentidos, una especie de visión metafísica, que, de manera semejante a como lo hace el poema, es develada por el cuento.

Además de la brevedad, Pacheco destaca la economía de recursos en el cuento, entendida como la condensación y el rigor en la utilización de estos recursos narrativos, pues de esta capacidad del cuentista va a depender el efecto logrado. En cuanto al efecto del cuento, Pacheco plantea como principal característica el manejo de la sorpresa. Toda la tensión y toda la intensidad deben hacer convergencia en la sorpresa, a través de la cual el lector toma conciencia de esa segunda realidad o visión metafísica propia de su filosofía. Finalmente, Pacheco afirma que el cuento nace de una revelación instantánea que exige una laboriosa elaboración, un trabajo artesanal, que debe concluir en la recepción de una visión especial y alternativa de la realidad.

Un ejercicio que podría resultar interesante intentar con los cuentos de la presente muestra sería el de "verificar" el grado de cumplimiento de estas condiciones: brevedad, unidad de concepción y recepción, manejo de la tensión y de la intensidad, revelación de segundas referencias, economía de recursos, eficacia del efecto final, etc. Consideramos que todos los cuentos seleccionados cumplen estos requisitos, pero, más importante aún, que los emplean en función de la expresión de esa visión alternativa y especial de la realidad que propone Pacheco como condición estética básica.

3

EN CUANTO AL USO DE TÉCNICAS NARRATIVAS, resulta imprescindible observar y explorar su funcionalidad. Proponemos el examen de las siguientes categorías: descripción de acontecimientos, tratamiento de personajes, narrador(es), focalización, manejos del tiempo y del espacio, lenguaje y estilos. Como referencia bibliográfica para un detalle de las mismas sugerimos dos textos: *El texto narrativo* de Antonio Garrido Domínguez (Madrid, Síntesis, 1996) y *El arte de la ficción* de David Lodge (tr. Laura Freixas Revuelta, Barcelona, Península, 1998).

Planteamos que cada cuento privilegia una o varias de estas categorías en función de su propuesta particular. Así, por ejemplo, los cuentos de Lina María Pérez privilegian el personaje con el objeto de concentrar la atención del lector en las circunstancias de un momento particular de su vida en el que "algo le va a suceder"; de ese modo logra la tensión y el suspenso suficientes y el mensaje alcanza su eficacia. Es el caso de Araminta en "Sonata en mí", donde el narrador se concentra en la extraña situación del personaje. Desde esa focalización particular, es decir, desde esa autorrestricción narrativa que se limita a contar sólo lo que siente y puede ir deduciendo el personaje, podemos conocer la historia, pero no anticipar su culminación, pues, además, el narrador sólo conoce lo que su personaje.

Los narradores son quizá la categoría más sobresaliente en los cuentos seleccionados. El narrador de "La muerte de Dioselina" es un narrador muy cercano a la historia y al personaje, casi se diría que sólo podría ser o un familiar o el mismo Julio que, años después, se distancia de lo sucedido y así lo rememora. Expresiones como "Los llantos y padrenuestros de la abuela se oían mientras subía al cuarto, y se oirían durante mucho tiempo más..." es un ejemplo de esa conveniente familiaridad del narrador, con la que el lector alcanzará un alto grado de identificación con el personaje.

El narrador de "Enfermo terminal" es un narrador testigo, pero no de un acontecimiento, sino de otra narración: la del personaje del cuento. De este modo, ese narrador "chismoso" nos cuenta lo que el personaje cuenta y se da licencias para intervenir acotando, explicando y comentando el discurso del otro, garantizando así la legitimidad de su "versión", que es abiertamente burlona y escéptica.

El narrador de "Razia" o de "Cruce de miradas" es culto y distante de las historias que narra y logra así un efecto de objetividad muy necesario para el mensaje que espera grabar en la mente del lector. En contraste, Montoya utiliza narradores en primera persona, confesionales, en "Vela apagada" y en "El conductor". Los efectos son por eso tan distintos

Los tiempos y espacios de los cuentos de Montoya son diversos y esenciales. Ya sea para la alegoría de "El conductor", donde las referencias han desaparecido y se hace necesaria al interpretación, o para cuentos como "Razia" o "Cruce de miradas", donde los indicios de época y lugar desempeñan un papel primordial en la estrategia de efecto diseñada, y que en este caso consiste en afirmar en el lector la idea del eterno retorno.

El lenguaje es clave en un cuento como "El Cucho", donde prácticamente reina la oralidad. Ese lenguaje "bogotano" con el que, si bien Silva pone en riesgo la universalidad del relato, le da un tono particular y crea una codificación ingeniosa que una vez asumida por el lector asegura su identificación. Igualmente es gracias al lenguaje que el relato alcanza la capacidad de penetración en los secretos de cada uno de los personajes. De otro modo, el humor, con su necesaria familiaridad, con su necesaria complicidad, no podría cumplir su propósito desmitificador, tan caro a este relato.

4

PERO MÁS ALLÁ de la maestril utilización de técnicas narrativas, los cuentistas de la muestra establecen distintas relaciones con la cultura. Una que está presente en tres autores es la relación con la música. No es gratuito que uno de los libros de Montoya se llame precisamente *La Sinfónica y otros cuentos musicales* o que el libro más conocido de Escobar sea *De música ligera*. De otro lado, el cuento de Lina María "Sonata en mí" es quizás uno de sus mayores aciertos. El acercamiento de música y literatura debería ser por eso, para efectos de una análisis completo de los cuentos, objeto de profundización. La música suele ser en ellos pretexto o germen de inspiración o modelo estructural. En niveles más sutiles puede estar explicando los ritmos del relato. Es, en todo caso, una referencia imprescindible y muy positiva para una compresión de la narrativa de estos autores.

Otro campo de profundización debería ser la relación entre literatura e historia. Si bien esta relación es muy evidente en el caso de Montoya (¿qué son "Razia", "Cruce de miradas", "El madrigal" o "Vela apagada", si no cuentos históricos?), también está presente en ese encantador relato de Escobar, "Léonie Bathiat", de una manera sugerente y sutil. Al fin y al cabo, la historia como la narrativa literaria utiliza la misma herramienta: la palabra escrita. Sólo que una, la historia, lo hace, pretensiosa, en búsqueda de la verdad. La otra, en cambio, la utiliza para proponer alternativas a esa supuesta verdad. La literatura propone no tanto un "esto fue así", como un "esto pudo ser así" o un "esto habría sido así", complementos necesarios a una obligada confrontación de versiones narrativas de la realidad histórica.

Hemos mencionado otros campos de relación que proponemos también como temas de profundización: la oralidad, el humor, la metaficción y la posmodernidad. Cuentos como "El Cucho" o "Enfermo terminal" recurren a la oralidad en una especie de estrategia de acercamiento al lector para captar, con la familiaridad del lenguaje, su atención y su identificación. La oralidad aquí no es real, sino que se traslada al espacio de la escritura, intentando con ello recuperar aspectos propios de ella como el abandono de la subordinación, una mayor empatía y sobre todo una verosimilitud basada en lo situacional y concreto de la cotidianidad.

La oralidad como estrategia de acercamiento al lector es

también muy útil en la corriente cómica (de la que ya se ha hablado arriba al referirnos a la obra de Ricardo Silva), pues abona mucho más inmediatamente el terreno para ese efecto que Koestler llama el fenómeno de la bisociación y al que le asigna la responsabilidad de la risa; es decir, que una familiaridad con el lector favorece la percepción de una misma situación en dos marcos de apreciación consistentes pero distintos e incompatibles, como es el caso de "El Cucho", cuento en el cual el colegio es a la vez el escenario de lo académico y formativo y el escenario de lo más vulgar y poco ejemplarizante.

En relación con la metaficción también se han mencionado varias cosas, pero quiero resaltar otras dos. Una es que, en general, los cuatro autores poseen un alto grado de autoconciencia no sólo de su oficio, sino de la institución literaria y utilizan esta autoconciencia de manera intencional,[2] ya sea como mecanismo de identificación con el lector culto, conocedor de la tradición literaria, o ya sea para parodiar su ejercicio. Los casos más evidentes de estas estrategias se dan en los cuentos de Escobar: "Propp, Star Trek, Augusto Monterroso" e "Infestación". En el primero, las baterías del cuento están enfiladas a demostrar cuán exagerado puede llegar a ser el ejercicio del análisis literario en esa búsqueda a veces desesperada por encontrar los matices originales de la interpretación que, más allá de una práctica de la inteligencia, terminan desvirtuando completamente el relato, el cual pasa a un segundo plano. En el segundo, se parte de esa preceptiva del cuento según la cual se debe asumir estrictamente una economía de

---

2. Para una examen de la autoconciencia literaria véase mi libro *Autoconciencia y posmodernidad. Metaficción en la novela colombiana,* Bogotá, SI, 1995. Existe una versión digital del capítulo: "Examen de la metaficción" en http://www.javeriana.edu.co/sociales/sociales_virtual/publicaciones/novela col/contenido/bibliograf/jar_metaficcion/intro.html

recursos como garantía para su eficacia. La "limpieza" de un cuento se toma aquí en forma literal y el efecto es una especie de parodia del ejercicio creativo estereotipado.

Respecto a la posmodernidad de los relatos seleccionados, propongo que ésta se observe bajo dos perspectivas: en cuanto su proximidad a una "estética posmoderna" y en tanto reflejo de eso que podríamos llamar "los tiempos posmodernos".

Para una revisión del primer aspecto es necesario recordar que la escritura posmoderna juega a romper las fronteras entre realidad y ficción, no sólo porque dinamiza radicalmente el potencial mismo de la escritura (todo es escritura), sino porque admite como premisa ontológica la textualidad del mundo (la realidad considerada como texto, la intertextualidad como única referencia posible). En segundo lugar, la escritura posmoderna descree de la autoridad, de una única voz, de una coherencia absolutista. En tercer lugar, el escritor posmoderno reclama como pertinente no tanto una homogeneidad o una verdad de la obra como su problematización, su fracturación y esta problematización se introduce en la ficción misma, en su escritura (generalmente en forma de autoconciencia del proceso creativo, es decir, de metaficción). En cuarto lugar, la obra posmoderna admite no sólo la intertextualidad (es decir, el recurso a otros textos), sino incluso el plagiarismo y la citación irónica, en un intento por relativizar el proceso mismo de significación y de verdad, entendido éste como algo finalizado con la sola presentación de la obra. Por último, la obra posmoderna promueve abiertamente la participación del lector, lo que se conoce como "doble productividad", ya sea a través del juego o a través de la puesta en marcha de conciencias paralelas de interpretación.[3]

3. Para un detalle de la estética posmoderna, véase mi libro *Literatura, posmo-*

Por lo general, en los cuentos no es posible encontrar todas las características juntas (como sí en la novela), pero sí algunos rasgos, como sería el caso de "Propp...", donde la relativización de la verdad se da por vía del recurso a supuestas fuentes como la revista "*Caravelle, Cahiers du Monde Hispanique et Luso-Bresilien*, editada por la Université de Toulouse-Le Mirail en junio del año 2000", dato que es apócrifo, pero que para efectos de la estrategia narrativa debe aceptar el lector. Éste es, además, uno de los recursos mejor usados por Escobar en novelas como *El último diario de Tony Flowers* o *El álbum de Mónica Pont,* mencionadas arriba. Por su parte, Pablo Montoya en cuentos como "Razia" y "Cruce de miradas" hace uso de una de las estrategias posmodernas más frecuentes: la fragmentación, con el objeto de promover activamente la participación del lector, quien deberá reconstruir las secuencias y nexos que evita el autor, produciéndose también un efecto de relativización de la verdad, que queda ahora en manos del lector.

De otro lado, la posmodernidad de las obras puede detectarse también en los temas tratados, sobretodo en la medida en que privilegien asuntos como las mencionados arriba por Kernan: una concepción relativista de la vida, una promoción de la libertad individual, un culto al hedonismo, la permisividad, la autoindulgencia y al narcisismo; pero también una ausencia de proyectos o mensajes o enseñanzas; y todo esto sin propósito de denuncia, más bien con naturalidad y sin ningún dramatismo, como en los cuentos de Silva, donde nada vale, donde

dernidad y otras yerbas, Bogotá, Universidad Javeriana, 2001. Existe una versión digital en http://www.javeriana.edu.co/sociales/sociales_virtual/publicaciones/posmoder nidad/posmodernidad_fcs.html. En particular, sobre *novela colombiana posmoderna,* véase http://www.javeriana.edu.co/sociales/sociales_virtual/publicaciones/novelacol/contenido/bibliograf/jar_narra-tivacol/oo6.htm

todo es mentira, donde no vale la pena ningún empeño, donde nada importa.

Si bien existen otros temas pertinentes que podrían ser objeto de profundización como sería el de la ciudad, creemos que el esquema aquí propuesto puede generar ejercicios de análisis que permitirán apropiarse adecuadamente de las propuestas estéticas y narrativas de los cuentos.

Bibliografía

DE LOS AUTORES

Montoya, Pablo, *Cuentos de Niquia,* París, Vericuetos, 1996.

——, *La sinfónica y otros cuentos musicales,* Medellín, El Propio Bolsillo, 1997.

——, *Habitantes,* París, Índigo, 1999.

——, *Viajeros,* Medellín, Universidad de Antioquia, 1999.

——, *Razia,* Medellín, Fondo Editorial Eafit, 2002.

——, *La sed del ojo,* Medellín, Fondo Editorial Eafit, 2004.

——, *Música de pájaros,* Medellín, Universidad de Antioquia, 2005.

Pérez Gaviria, Lina María, *Cuentos sin antifaz,* Bogotá, Arango, 2001.

Escobar Giraldo, Octavio, *El color del agua,* Manizales, Fondo Editorial Universidad de Caldas, 1993.

——, *El último diario de Tony Flowers,* Bogotá, Centro de Escritores, 1995.

——, *Las láminas más difíciles del álbum,* Barranquilla, Comfamiliar Atlántico, 1995.

——, *Saide,* Bogotá, Ecoe, 1995.

——, *La Posada del Almirante Benbow,* Manizales, Centro de Escritores, 1997.

——, *De música ligera,* Bogotá, Ministerio de Cultura, 1998.

——, *El álbum de Mónica Pont,* Bogotá, Bienal de Novela José Eustasio Rivera, 2003.

——, *Hotel en Shangri-Lá,* Medellín, Universidad de Antioquia, 2003.

Silva Romero, Ricardo, *Sobre la tela de una araña,* Bogotá, Arango, 1998.

——, *Réquiem,* Bogotá, Instituto de Cultura y Turismo de Bogotá, 1999.

——, *Recuerdo de Navidad en La Gran Vía,* Bogotá, Alfaguara, 2001.

——, *Tic,* Bogotá, Planeta, 2003.

SOBRE LOS AUTORES

SOBRE LA OBRA DE PABLO MONTOYA

Barnabé, Jean Philipe, "El viajero en la sombra de su enigma", *Universidad de Antioquia,* núm. 275, Medellín, enero-marzo, 2005, pp. 102-105.

Gerdanc, Rudy, "Los Habitantes. Cuentos de Pablo Montoya", *Livres Ouverts,* núm. 10, París, enero-junio, 1999.

Machler Tobar, Ernesto, "Mozart en San Pelayo", *Universidad de Antioquia,* núm. 252, Medellín, abril-junio de 1998.

Vázquez, Samuel, "La memoria como forma de imaginación", *El Espectador,* Magazín dominical, núm. 823, Bogotá, 21 de febrero, 1999.

SOBRE LA OBRA DE LINA MARÍA PÉREZ GAVIRIA

Arenas, Julio, "Después de los buenos cuentos. *Cuentos sin antifaz*. Lina María Pérez", *Número*, edición 30, Bogotá, noviembre, 2001, p. 90.

Arsitizábal, Alonso, "Libros leídos. *Cuentos sin antifaz*. Lina María Pérez", *Diners*, Bogotá, julio, 2002.

Giraldo, Luz Mary, "De la utopía al escepticismo: tres promociones y treinta años de narrativa en Colombia", *Hojas Universitarias*, núm. 52, Bogotá, Universidad Central, abril, 2002.

Iriarte, Alfredo, "Rosario de Perlas", *El Tiempo*, Bogotá, 8 de agosto, 2002.

Vieira, Maruja, "Cuentos sin antifaz. Un libro excepcional", *Libros y Letras*, Bogotá, enero, 2002.

SOBRE LA OBRA DE OCTAVIO ESCOBAR GIRALDO

www.geocites.com/octavioescobargiraldo

Escobar Mesa, Augusto, "Octavio Escobar: Lo anexo, lo necesario y lo bello", *La pasión de leer,* Medellín, Universidad de Antioquia, 2002.

Flórez, Antonio María, "De música ligera, de Octavio Escobar Giraldo", *encolombia.com,* http://www.encolombia.com, 1999.

Jiménez Castaño, Elizabeth, "¿'Música ligera' que reflexiona sobre la vida?", *colombia.com,* http://www.colombia.com/entrevistas/, 2001.

Morales Chavarro, Winston, "Octavio Escobar Giraldo: del hotel en Shangri-Lá a la posada del almirante Benbow", *noticiasliterarias.com,* http://www.noticiasliterarias.com/, Nueva York, año 2, 2003.

Triviño, Consuelo, "Octavio Escobar Giraldo", *Cuadernos Hispanoamericanos*, núm. 562, Madrid, abril, 1997.

Vivas García, Homero, "Breve, como la música ligera. Entrevista con Octavio Escobar Giraldo", *Espéculo*, núm. 24, http://www.ucm.es/info/especulo/numero24/breve.html, 2001.

SOBRE LA OBRA DE RICARDO SILVA ROMERO

Arias, Jimmy, "Entrevista con Ricardo Silva, autor de seres 'posibles'", *El Tiempo*, Bogotá, domingo 14 de septiembre, 2003.

Becerra, Mauricio, "Sobre la tela de una araña", *El Tiempo*, Bogotá, domingo 30 de octubre, 1999.

Jaramillo, Darío, "Sobre la tela de una araña", *Cambio*, Bogotá, 26 de abril, 1999.

Morales, Hollman, "Sobre la tela de una araña", *Lecturas Dominicales de El Tiempo*, Bogotá, 11 de abril, 1999.

SOBRE CUENTO Y NARRATIVA COLOMBIANA

Curcio Altamar, Antonio, *Evolución de la novela en Colombia*, Bogotá, Instituto Colombiano de Cultura, 1975.

Giraldo, Luz Mary, *La novela colombiana ante la crítica*, Bogotá-Cali, CEJA, U. Valle, 1994.

——, *Fin de siglo narrativa colombiana*, Bogotá-Cali, CEJA, U. Valle, 1995

——, *Nuevo cuento colombiano, 1975-1995*, México, FCE, 1997.

——, *Ellas cuentan, una antología de relatos de escritoras colombianas, de la Colonia a nuestros días*, Bogotá, Seix Barral, 1998.

——, *Cuentos de fin de siglo: antología*, Bogotá, Seix Barral, 1999.

González, Henry y Blanca Inés Gómez, *Cuento colombiano en la red*, en http://cuentoenred.org/cer/numeros/

Pachón Padilla, Eduardo, *El cuento colombiano contemporáneo*, Bogotá, Plaza & Janes, 1986.

Pineda Botero, Álvaro, *Del mito a la posmodernidad. La novela colombiana de finales de siglo XX,* Bogotá, Tercer Mundo, 1990.

——, *La fábula y el desastre. Estudios críticos sobre la novela colombiana 1650-1931,* Medellín, Fondo Editorial Eafit, 1999.

——, *Juicios de residencia. La novela colombiana 1934-1985,* Medellín, Fondo Editorial Eafit, 2001.

Piotrowsky, Bogran, *La realidad nacional colombiana en su narrativa contemporánea,* Bogotá, Instituto Caro y Cuervo, 1988.

Rodríguez, Jaime Alejandro, *Autoconciencia y posmodernidad. Metaficción en la novela colombiana,* Bogotá, SI, 1995.

——, "Manual de novela colombiana", en http://www.javeriana. edu.co/sociales/sociales_virtual/publicaciones/novelacol/ contenido/

——, *Posmodernidad, literatura y otras yerbas,* Bogotá, Universidad Javeriana, 2001.

——, *Para el estudio y disfrute de las narraciones,* Bogotá, Universidad Javeriana, 2004.

Williams, Raymond L., *Novela y poder en Colombia: 1844-1987,* Bogotá, Tercer Mundo, 1991.

SOBRE LÍNEAS DE ANÁLISIS Y TEMAS DE PROFUNDIZACIÓN

Lodge, David, *El arte de la ficción,* trad. Laura Freixas, Revuelta, Barcelona, Península, 1998.

Garrido Domínguez, Antonio, *El texto narrativo,* Madrid, Síntesis, 1996.

Pacheco, Carlos y Luis Barrera L., *Del cuento y sus alrededores,* Caracas, Monte Ávila, 1993.

Pagnini, Marcelo, *Estructura literaria y método crítico,* Madrid, Cátedra, 1992.

Ramos, Ricardo, *Narrativas contadas, narraciones vividas. Un enfoque sistémico de la terapia narrativa,* Barcelona, Paidós, 2001.

Rodríguez R., Nana, *Elementos para una teoría del minicuento,* Tunja, Colibrí, 1996.

Tono, Lucía, "Los desafíos de la oralidad. Similitudes y diferencias entre oralidad y escritura", *Texto y contexto,* Bogotá, Universidad de los Andes, septiembre-diciembre, 1995.

Zavala, Lauro, *Poéticas de la Brevedad. Teoría del cuento*, III, México, UNAM, 1996.

OTRA BIBLIOGRAFÍA

Kernan, Alvin, *La muerte de la literatura,* Caracas, Monte Ávila, 1996.

Fuentes, Carlos, *Geografía de la novela*, México, FCE, 1993.

Pablo Montoya

NACIÓ EN BARRANCABERMEJA EN 1963. Ha publicado, además de la novela *La sed del ojo* (2004), cuatro libros de cuentos, uno de prosas poéticas y otro de ensayos sobre música: *Cuentos de Niquía* (1996), *La sinfónica y otros cuentos musicales* (1997), *Habitantes* (1999), *Viajeros* (1999), *Razia* (2001) y *Música de pájaros* (2005). Sus artículos y traducciones para diferentes revistas nacionales e internacionales versan sobre temas relacionados con la música, la pintura y la literatura. Realizó estudios en la Escuela Superior de Música de Tunja, es licenciado en Filosofía y Letras de la Universidad Santo Tomás de Aquino y obtuvo la maestría y el doctorado en Literatura Latinoamericana en la Universidad de la Nueva Sorbona-París III (Francia). Actualmente reside en Medellín donde es profesor de literatura de la Universidad de Antioquia.

El conductor*

E L BUS ERA GRIS. Varias rayas de colores lo surcaban verticalmente. No tenía letras ni números, y su largura le daba una apariencia de gusano. Era estrecho a primera vista, pero cuando el aire entraba por las ventanillas producía una amena amplitud. Algunos pasajeros manifestaron esa comodidad al permanecer durante horas absortos, mirando el paisaje de las calles por donde íbamos. Parecía gastado y, aunque yo cumplía con mantenerlo limpio, era inevitable saberlo en ciertos momentos como un animal remoto. Sobre todo al ascender cuestas de días enteros. Entonces teníamos que acostumbrarnos a un zumbido pesado, semejante a una queja. En la memoria veo al bus brincando en los tramos de mercados ambulantes. Descendiendo, casi imperceptible, por lugares solitarios. Iluminando con sus farolas carreteras en cuyos bordes las casas daban la impresión de estar vacías. Y concluyo que, al conducir ese vehículo estragado, yo estaba inmiscuido entre los hombres.

El viaje empezó en un barrio de calles agobiadas por el lodo, en la cadena montañosa que rodea la ciudad. Me dijeron:

* Publicado originalmente en *Habitantes,* París, Índigo, 1999, pp. 7-10.

"Trata de llegar a un cruce de trece esquinas. Ahí terminará tu labor. Debes parar en ciertos puntos y recoger a los que esperan. También puedes detenerte donde desees, o en los sitios solicitados por los pasajeros. No preguntes por el motivo, pero se viaja una sola vez en el bus. Y, así suene sentencioso, a quienes conozcas en estos días jamás los volverás a ver".

Primero subieron tres ancianos, a escasos metros de la partida. Por días fueron los únicos habitantes del bus. De facciones secas, sus monólogos al principio los confundí con conversaciones entre ellos. Aún los veo bajando, mis brazos sirviendo de apoyo, para comer y desentumir sus cuerpos. Algo en mí se estremece cuando recuerdo el instante en que, creyéndolos dormidos, comprobé sus muertes. Bajo un cielo color de plomo los dejé en un callejón. En él tres muchachos, indiferentes a lo mío, tiraban piedras a botellas enfiladas.

En una parte del trayecto las personas se sucedieron de tal modo que he olvidado sus rasgos. Era necesario parar cada cuadra. Y nunca he entendido por qué, en vez de caminar esa corta distancia, los pasajeros utilizaban el bus. Nos deteníamos. El vehículo se desocupaba y volvía a llenarse con parsimonia. Una vez quise arrancar. El espacio estaba casi colmado. Pero alguien hizo la advertencia. Cuando el hacinamiento tuvo un límite pude hacerlo. Demoraba unos minutos para llegar a la parada y la gente bajaba con premura. Luego, era una espera parecida al suplicio de las condenas circulares.

Más adelante subieron los niños. Y apareció el hombre. Levantó uno de sus brazos en la mitad de la carretera. Frené. Se acercó al lado de mi ventanilla. Su mano, rugosa, cubrió la mía. Al decir, "gracias, amigo, llevo años esperando este momento", silbó hacia una de las orillas. Entonces empezó a pasar la multitud. Viejas cargadas de trebejos, adolescentes encinta, nodrizas de senos secos que amamantaban varias criaturas a la vez. Apagué el motor y surgieron los animales. Burros con paso de fatiga, vacas indiferentes al tiempo, gatos y perros flacos. La oscuridad cayó sobre nosotros. Escuché letanías tocar el sueño de los niños que dormían en el bus. Cuando la luz se expandió sobre el universo, trajo a los ancianos. Discutían, caminaban apresurados, sostenían con sus cabezas banderas, emblemas, libros, códigos. Volví a vigilar el sueño de los niños. Éste era estropeado, no obstante, por un ruido de balas y llanto de mujeres que pasaban frente al bus. Amaneció una vez más y comenzaron a pasar las ovejas. Los niños bajaron y se unieron al éxodo. Quise fundirme en esa marcha desproporcionada. Pero vi al bus nimbado de una miseria que también era mía, y supe que los dos estábamos sujetos a una misión improbable. Antes de subir escuché el silbido. El hombre alzó el brazo y desapareció tras azuzar el trote de las últimas ovejas.

Hacia el final del viaje el bus se llenó de soldados. Continuamente caminaban por el corredor. Sacaban sus cabezas rapadas por las ventanillas. Gritos lanzados a viandantes extrañados eran su único lenguaje. Al llegar la noche comían, bebían con desmesura, fumaban unas hojas de color agrio que los ponía a hablar sin pausa hasta el comienzo del amanecer. Una especie de frenesí los lanzaba a un sexo prolongado y agresivo. Después yo podía verlos a través del espejo. Derrumbados sobre las sillas. Amontonados en el pasillo. Y me asombraba sentir en el bus algo cercano al sosiego. Una vez, tras los hombres acoplados, observé que uno de ellos me hacía una señal. Comprendí la invitación. Confuso, detuve el vehículo. Actué como si estuviera averiado. El pantano de una acequia próxima lo aproveché para mojar mi rostro.

En una de esas mañanas quietas apareció la mujer. Supuse su subida con la soldadesca. El bullicio y el desorden, las causas de no haberla visto. Ahora prefiero creer que fue una emanación de mi soledad en medio del dormir de los militares. Le ofrecí un banco junto a mí. Tenía un aire de mujer antigua. Su voz estaba hecha de distancias. Varias veces presenciamos la salida del sol por entre las montañas. La atmósfera nos pareció translúcida al atravesar un riachuelo desparramado en la carretera. Amé sus ojos que definían un perfil del silencio, el movimiento de sus manos moviendo el pelo caído sobre la frente. Recorrí su desnudez como si recorriera un misterio. Construí un vínculo con la tierra, lo sé, pero también vislumbré lo insondable. Cómo olvidar su llanto, cadencioso, al hablar de su hermano asesinado. Su tumba sin nombre la buscaba desde siempre por los barrios periféricos de la ciudad.

No sé con exactitud cuándo el bus volvió a estar sin nadie. Una fuerza extraña, en cambio, me obligó a seguir y no ir atrás para encontrar el paradero de la mujer. Horas antes de llegar a la primera de las esquinas se desató la lluvia. El vehículo se detuvo en el centro de la encrucijada de las calles. Descendí. Mi sombra se alargó sobre los charcos. Y la figura del bus fue deshaciéndose en las tinieblas.

Cruce de miradas*

1

TIENES LA IMPRESIÓN de que todo está igual. Como si la guerra continuara y la incertidumbre te sorprendiera con la misma intensidad de antes. Oyes pasos apresurados, gritos, la sirena de un tren. Capturas el olor del frío adherido a la ropa. Ves, deshaciéndose, nubecillas tocar el sombrero de alguien. No podrías decir si son humo de cigarrillo o la huella de una respiración entrecortada. Más allá, en medio de una fila de espera, rodeado de guardias, distingues a Jérémie. Abres los ojos, sin embargo, y regresas del pasado. Drancy, lees en uno de los avisos. Estás en sus andenes solitarios. Te gustaría creer en la inmutabilidad de las cosas. Aferrarte a la idea de que los espacios en el fondo nunca cambian. Los tableros modernos, donde aparecen recorridos y destinos de viajes, te parecen ilusorios. Imaginas que el tren, detenido en frente tuyo, es el mismo de ese otoño lejano. Te preparas para subir al vagón. Supones el encuentro con Jérémie. Finges un gesto de sorpresa. Aunque no le dices nada. Sólo lo miras. Tampoco reprochas porque es la guerra. Y ella se construye con ausencias, silencios, muros impenetrables. Recorres su rostro sin tocar-

* Publicado originalmente en *Razia,* Medellín, Fondo Editorial Eafit, 2001, pp. 23-43.

lo. Hasta que el tren, has ideado ya su arranque, el rumor de sus ruedas en la carrilera, disminuye la velocidad y llega a la estación de... Te confunde el hecho de tener que nombrar una estación donde puedas descender y él continuar. O donde los dos bajen. O donde seas tú la que siga el rumbo, y tu trazo se pierda en el horror de Auschwitz, y él quien sufra la espera. Abres otra vez los ojos. Entiendes la dimensión de tu extravío. Estás en Drancy, una estación renovada. Y hay un pedazo de periódico tirado en el piso. El tren sigue esperando su momento de partir. En uno de los relojes modernos está marcado: 9 y 20. Es hora de volver a casa, te dices. Pensar que debes subir al tren, cuando acabas de imaginar un encuentro más con Jérémie, te mortifica. Por un instante sudas. Te asalta la idea de que vas a llorar, pero no lo haces. No sabes desde cuándo dejaste de hacerlo. El llanto se ha vuelto un estupor vertido hacia tu interior. Esa sensación de abandono, no obstante, la conoces bien. Es más, a eso vienes. La buscas cada domingo en las mañanas. Mientras caminas la estación, vienes a reconstruir el rostro de un hombre que nunca regresó. Es un gozo y un suplicio que te procuras metódicamente y a escondidas. Tu hijo, por ejemplo, cree que sales a la iglesia cercana. Los domingos, al mediodía, invariable, te llama a casa. Le hablas de lo mismo: tu ficticia misa, la falsa compra de las flores. Cuelgas el teléfono pensando en esa obstinación tuya por ocultar un rito donde buscas el fantasma de un hombre. Alcanzas a preguntarte por la dimensión de tu mentira. Tu esposo tampoco supo por qué salías tan temprano. Le explicabas lo de la misa, o lo de las flores, o cualquier cosa que pudiera tranquilizarlo. No te arrepientes de que haya muerto sin saberlo, o al menos sin que tú se lo dijeras. Sientes, incluso, una alegría íntima al corroborar la manera tenaz de esa fidelidad. Comprendiste, desde el día en que Jérémie desapareció, que conservar ese secreto era parte no sólo de tu pasado, sino que justificaría, de algún modo, los días del presente. Con brusquedad abres los ojos. Un pasajero está mirándote desde el otro lado de la ventanilla del tren. Frunce las cejas. Algo lo incomoda. Pero eso no ya no te interesa. Una vez más regresas a la guerra.

2

EL TREN LLEGA A LAS 9 Y 18. Efrén entra al vagón y siente alivio con la calefacción. Los dedos de las manos, poco a poco, se desentumecen. La punzada está ahí, aunque todavía no es dolor. Es su eco, o el aviso de que vendrá. Efrén conoce el despertar de esa vieja dolencia. En unas horas, lo sabe, eso ha pasado en los otros otoños, el aguijón se volverá una tortura. Mientras espera la salida del tren, se arremanga el pantalón y, a la altura de la rodilla, se soba con las manos. Su boca hace un hálito para prodigar tibieza al rastro de la herida. Efrén comprende que eso ya no sirve. Pero al principio era el único remedio. Soplarse cada rato y masajear, suave, con los dedos. De repente, recuerda el golpe en medio del interrogatorio. Una oscuridad hecha de voces lo acosa. La rodilla está astillada, así sienta el dolor no propiamente en ella, sino enterrado en su cabeza. Y ni siquiera allí, sino en algún rincón del cuerpo donde él es un pedazo de pensamiento tratando de no sucumbir al terror. Ignora durante cuánto tiempo se ha contenido. A fuerza de resistir, ha terminado desgarrándose los labios con sus dientes. Había jurado no llorar y lo hacía. Había jurado no hablar y el poder hacerlo lo asustaba. Al rato brotan las palabras, rastrilladas en las orejas. Una lengua invisible, anhelante, se mete en su oído. Una mano, también invisible, toca la pierna sana y los testículos. Se le recuerda que la corriente vendrá en cualquier momento. Efrén ahora mira la cicatriz.

Una serie de pequeñas equis en la piel pálida. Se repite que el problema no es la molestia en sí, ni los cuidados para que no se vuelva insoportable. Lo arduo es el frío. Contemplar el pasado y entender que se está frente a un agujero vacío. Pronto estaré solo en la pieza de la calle Oberkampf, se dice. Y eso no es lo peor. Lo peor es la soledad. Sin nadie a quien decirle, ven, cuídame, ayúdame a pararme, colabórame con tus brazos para ir al baño, conversemos un poco. Efrén intentará, en vano, el consuelo en la estrechez de su pieza. Terminará hablando con la sombra de Mariana. Y sabrá lo estéril de construir frágiles escudos contra el abandono. Efrén mira, a través de la ventanilla, la hora en el reloj: 9 y 20. Papeles de periódico en los andenes de Drancy, colillas, tiquetes de transporte, mierda de palomas. Esa es la cara del exilio, piensa.

3

LO CONOCISTE EN UNA FERIA, meses antes de que estallara la guerra. Un organillero tocaba melodías de Chabrier en medio de tiendas donde se jugaba tiro al blanco. Junto al tiovivo, hablando con el vendedor de los boletos, lo viste por primera vez. Era alto, de cejas oscuras y enmarañadas. Su piel tenía un color que te recordaba el de la madera. Pero fueron sus ojeras lo que más te atrajo. Luego surgió de entre la gente y te sacó a bailar. Un poco confusa aceptaste, sintiendo que tus mejillas ardían. Empujados por un vals inacabable, supiste que se llamaba Jérémie. Y transcurrieron días parecidos a la felicidad. Caminaban tardes enteras por los alrededores del Sena. Tomados de la mano, mientras él contaba historias de abuelos rabinos, y de súcubos e íncubos surcando las noches de los hombres. Recuerdas que hubo un jardín, sembrado de amapolas, cerca de un café. Recuerdas que él dijo, ya vengo y, al cabo de unos minutos, regresó con un manojo de flores. Entonces probaste su saliva fresca, la nariz recorriendo tu cuello de cisne. Porque así te dijo, "Sarah, tienes cuello de cisne". Y sus manos largas te tomaron de la cintura. Aún no entiendes porqué, pasados 50 años, esas impresiones tienen el poder de estremecerte. Te ruborizas porque en tu vejez el deseo es un leve resuello que persiste. ¿Qué habría sucedido sin la guerra? ¿Qué habría ocurrido si él hubiera regresado? Aún tienes el hábito de hacerte preguntas inútiles. Muchas veces, recorriendo los andenes que ahora observas, has tenido la locura, o el desparpajo, o la ingratitud, de separar de tu vida la existencia del hijo y del esposo. Jugar al invento de otra historia. Intentar encontrar el gusto de la libertad durante unos segundos. Suponer los abrazos ese día de agosto de 1945, la alegría colectiva porque la pesadilla había terminado. Participar con todos en la reconstrucción de un país devastado y, al regresar a casa, en las noches, hundirte en el cuerpo de Jérémie. Con tus ojos borrarle el espanto dejado por Auschwitz. Pero, de nuevo, es la gris amplitud de Drancy lo que hallas. Estás parada en uno de sus andenes. Imaginas lo que pasaría si te observaras en ese estado en que eres una extenuada máscara de la espera. Sin embargo, él aparece. Ahora te mira como si fueras una extraña. No has podido abrazarlo. Hay un muro de hombres armados impidiéndolo. Su mano se extiende sin poder tocarte. No oyes su voz, aunque entiendes que con ese ademán te promete el regreso. Te niegas a abrir los ojos. Sabes que al hacerlo, todo puede esfumarse. Ves cómo lo empuja un guardia hacia uno de los vagones. Oyes la señal del tren. Estás paralizada ante un tren lleno de deportados. Y no sabes que alguien te mira desde una ventanilla cercana.

4

ESTIRA LA PIERNA. La apoya en el asiento del frente. Logra reducir un poco la molestia. Aproxima su rostro al vidrio. La mujer tiene un gesto de embelesamiento. El abrigo le llega casi a los pies. Efrén, al principio, no precisa en dónde radica el parecido. No tarda en ubicarlo. La forma del rostro es una de las semejanzas. Otra, la manera cómo la mujer se para, con las piernas ligeramente abiertas, la cabeza tirada hacia atrás, los hombros adelante. Otra, la más pronunciada, es el pelo corto, grueso, blanco. Increíble que alguien se parezca tanto a Mariana, concluye. Pero una voz surge. Sobresaltado, Efrén se incorpora. Escucha. Sólo capta el silencio. Enseguida, el toque en la puerta del cuarto es nítido. Parece la pata de un animal arañando la superficie de madera. Efrén entiende que es la mano de Mariana. Y como si una cuchilla se hundiera en la oscuridad del cuarto, la escucha decir: "¡Han venido!" El pulso de Efrén se acelera. Recuerda que un día antes había limpiado la casa de papeles. Y mientras lo hacía, trataba de calmarla. "Llegarán en cualquier instante, pero no te preocupes, no va a pasar nada." Mariana, con algo de desconfianza y a la vez de complicidad, le preguntó si había hecho algo malo. Él supo que se refería a la posibilidad de que hubiese matado a alguien. La miró con firmeza y volvió a decirle que no se preocupara. Efrén abre la puerta. Mariana está ahí, detenida en la oscuridad, en el umbral de una agonía que durará varios años. Los golpes en la puerta de la calle, en ese momento, retumban. Son las cinco de la mañana cuando Mariana pregunta: "¿Quién es?" Efrén la ve abrir con tranquilidad la puerta. La ve detener a los militares con decisión: "Ustedes no entran aquí. Esperen a que salga". Efrén se ve dándole el último abrazo. Repetirle algo falso: "No pasará nada, Mariana. Pronto nos veremos". La mano de ella traza una bendición, pequeña y nítida. Por encima de sus hombros, Efrén se da cuenta de que la luz del amanecer se insinúa en la calle. La punzada en la pierna le recuerda que todo ya ha sucedido. Mariana, dice Efrén, si estuvieras viva. Si fueras esta mujer que mira a ninguna parte.

5

TE DIRIGES A LA ESTACIÓN DE DRANCY. Alguien te ha avisado. Atraviesas un París de bulevares solitarios donde transeúntes te miran con indiferencia. No crees que Jérémie haya sido capturado. Esa posibilidad la vislumbraste varias veces en las noches, cuando intentabas dormir, y las horas se iban en pedir que la guerra culminara. Algo que no podía ser sino la esperanza te aseguraba que a él lo protegerían designios misteriosos. Pero sólo una pregunta te obsesiona: ¿Quién hizo la denuncia? Gritos y llantos en Drancy. El tren de carga se llena de mujeres, niños, hombres demacrados. Indagas sin obtener respuestas. Los policías te piden papeles. Los muestras. "Soy francesa", dices. Ellos también lo son, responden, y levantan los hombros. Piden el permiso para pasar. Te procuras una calma escurridiza. Te impiden la entrada. Buscas la figura alta de Jérémie entre el gentío que entra a los vagones. Imploras para que al menos te sea permitido verlo. Esta última alternativa te podría hacer los días de la espera más llevaderos. Tan sólo hace una semana, en la cava que le servía de refugio, él había supuesto la deportación. Le pusiste un dedo en la boca. Él te apartó con delicadeza y continuó. Un huidizo rayo de luz, proveniente de una ventana que no podías ver, matizaba sus oscuras cejas enredadas. Lo escuchaste hablar de los campos, del tiro en la nuca, del gas. Llegó a insinuarte que no arriesgaras tu vida visitándolo. Oyéndolo hablar así, a modo de susurro, sintiéndole en su aliento el café tomado minutos antes, le dijiste que tu amor superaba cualquier miedo. Por un instante lo miraste, y fue evidente su prolongada magrura. En la palidez del rostro las ojeras habían adquirido un color violeta. Sentiste que su mano se enredó en tu pelo. Y lo escuchaste, en voz baja, prometer el regreso. De pronto, crees reconocerlo, apretujado en una de las filas. Quieres gritar su nombre. Tu garganta se atora. Hoy tu garganta se atora. Y te sorprende otra vez la rabia. Porque sabes que Jérémie no fue un soldado que iba a la guerra, sino un hombre, ataviado con un abrigo, enviado al infierno.

6

LO DESNUDAN. Baldados de agua fría le han caído sobre el cuerpo a lo largo de la noche. Efrén no responde. Y si lo hace, recurre a evasivas. El que pregunta fuma un cigarrillo detrás de una lámpara. "Tiempo nos sobra, guerrillero malparido", dice. Enseguida, es la venda, los golpes en las paredes, las voces brotadas de las tinieblas que amenazan. El silencio desespera cada vez más al que interroga. Su aliento a cigarrillo es insoportable. Varias manos levantan a Efrén. Y es la descarga. Un dolor vertiginoso se extiende desde el ano hasta la cabeza. Efrén se desploma. Pero no cae. Hay cadenas que lo sujetan. El universo es una nauseabunda gelatina, más densa con el segundo corrientazo. Y si digo un nombre para evitar esto. Efrén da vueltas en torno a esta posibilidad de salvación. Grita: "¡Mariana!" Y es como si una cicatriz, de la cual desconocía su herida, se le abriera desde el ombligo hasta la garganta. Hace arcadas, vomita, caga, orina al mismo tiempo. Más tarde lo tiran a la celda. No corrobora el tiempo transcurrido. Efrén es una conciencia despedazada convenciéndose de que no ha mencionado a nadie. Pero hay una laguna en su memoria. La posibilidad de la traición, más que asustarlo, lo asquea. No sabe cuántas veces ha llorado. Cuántas veces ha regresado a una época anterior a la infancia. Cuántas veces ha inventado una muerte liberadora. El terror lo atenaza. Y en la permanente oscuridad siente golpes. Efrén se aferra a la imagen de Mariana. En la zozobra busca una antigua protección. Y el golpe, como un gigantesco garrote, cae en la rodilla. Esa impresión se repite. Su vestigio lo ha obligado a realizar el gesto tantas veces repetido. Soplar, soplar, soplar para apagar el dolor. Y lo está haciendo ahora, en el instante en que el tren da la señal de partida. El reloj marca las 9 y 20. La mujer del andén sube. Se sienta en el otro extremo del vagón. De más cerca, su parecido disminuye. Esta es más blanca y delgada, murmura Efrén. Los avisos de Drancy van pasando. La punzada empieza a desaparecer cuando sus miradas se cruzan.

7

AÚN SIGUES PREGUNTÁNDOTE quién denunció el escondite. Recuerdas que una tarde fuiste a la cava y no encontraste a nadie. Un hombre, tomándote del brazo, te hizo entrar a una casa cercana. Y te contó cómo lo habían sacado. ¿Cuánto tiempo dedicaste a suponer posibles culpables? Un amigo de él, o tuyo, o el que distribuía los tiquetes de alimentación en el barrio, o el desconocido que te veía entrar y salir con frecuencia del sitio sin que te dieras cuenta. Se te presentan rostros que ya son polvo. Tu inventario de delatores, acabada la guerra, se extendió hasta límites enfermizos. Culpaste a tus familiares, a los de tu esposo, a los de quienes te miraban con desconfianza cuando decías que amabas a Jérémie. Fuiste construyendo un suplicio de minucia y rencor cuyos contornos terminaron por convencerte de que al hacer esos juegos de la imaginación, la imagen de él se distorsionaba implacablemente. Pero, ¿cuál es, transcurridos los años, la verdadera imagen? Sumergida en esa pregunta, oyes el timbre del tren. Subes. Te acomodas en uno de los extremos del vagón. Tus ojos se pierden en las carrileras. Un enorme cansancio se instala en tu cuerpo. Percibes la luz del otoño, desde la ventanilla, tan parecida a una queja sin sonido. Pasados unos minutos, como lo haces cada domingo, te levantas. Caminas hasta la mitad del vagón. Esperas a que el tren se detenga en la Estación del Norte. Te esfuerzas al tratar de abrir las puertas. Una mano se interpone y las abre. Agradeces. Piensas que ese rostro te recuerda a alguien visto en los años de la espera. Avanzas unos metros. Paras. El hombre también ha bajado. Lo ves tomar la dirección contraria a la tuya. Antes de perderlo de vista, notas que cojea.

Razia*

... los miedos de la espera.
ALEJO CARPENTIER

1

L A VELA, PIENSA, y se levanta a buscarla. Las horas no se mueven. Están atadas a un cepo invisible. Los ojos miran a un lado y a otro e intentan horadar la oscuridad. La mujer, para calmarse, imagina los contornos de la habitación. En el medio, la cama y el hombre dormido. Allá, el espejo hecho de caoba, las repetidas flores de lis talladas en los extremos. Aquí, el baúl con los atuendos utilizados en las nupcias. De él, el jubón, el cuello plegado, las calzas. De ella, las medias de seda, el tontillo y el corsé. Una repisa, junto a la ventana, donde están los libelos de un tal Calvino. Y más cerca, la cómoda con la garrafa de agua. El sosiego de la reconstrucción en las sombras es fugaz. Ella sabe que el miedo se ha instalado en su universo. Le acompasa el pulso de la sangre. Le arremolina los recuerdos. Le arrebata el sueño, arrojándola a una vigilia ardua. Ausculta con las manos, sedienta. El hombre dice algo incomprensible. Cambia de posición en el lecho. Sigue durmiendo. Los dedos encuentran, finalmente, la superficie de la vela. La luz surge. De un solo trago ella bebe el agua y, con cautela, se dirige a la ventana. Despacio, corre

* Publicado originalmente en *Razia*, Medellín, Fondo Editorial Eafit, 2001, pp. 39-48.

la cortina. La calle Saint Honoré aparece, solitaria, envuelta en el bochorno del verano. Mira la penumbra de los árboles. Repite para sí lo que su esposo, horas antes, le había dicho. Los nuevos tiempos prometían concordia. Prueba de ello era el matrimonio entre los Navarra y los Valois. La protección estaba asegurada. Y no sólo favorecía a los jefes militares y nobles provenientes de Nîmes, Montauban y La Rochelle, sino también a todos los protestantes establecidos en la capital para participar del júbilo de la boda. Lejos quedaban las derrotas en una larga guerra religiosa. Las jornadas en que ellos habían defendido sus principios en ciudades sitiadas por huestes católicas. Pero la mujer, mientras escudriña una de las esquinas de la calle, recuerda los rumores. Desde hacía días se hablaba, con voces ocultas en las capas, de trampas forjadas por una reina que despreciaba todo lo referente a los hugonotes. Se comentaban posibles venganzas entre víctimas de crímenes pasados. Incluso ella, durante los agasajos reales, entre saltarelos de cromornos y panderos, había percibido falsas diplomacias, respetos postizos, deseos de sacar la espada o darle uso a la alabarda por parte de los cristianos de ambos bandos. Además, cómo olvidar que, desde numerosos púlpitos, los sacerdotes de París aprovechaban cualquier circunstancia para incitar al castigo de los enemigos de Dios. La mujer aspira profundamente el aire espeso de la noche de agosto. Pasa una de sus manos por el cuello que suda. Piensa que necesita el sueño y éste le huye. Se aferra a la idea de que si va al lado del hombre podría encontrarlo. Pero la atrapa una certidumbre. El sueño jamás vendrá, se dice. Y mira la vela. El fuego quieto le parece la mejor expresión de que el tiempo está prisionero en una grieta que ella quiere penetrar y no puede. Un leve movimiento sacude el pabilo. Una figura de fauces enormes se dibuja en el fuego. La mujer la ve con una mezcla de espanto y perplejidad. Entonces, en el instante en que la quimera se deshace, algo empieza a fluctuar en la habitación. Es la voz de una campana. Su ritmo es lento.

2

SE DIRIGE HACIA LA PUERTA. De ese lado vienen los sonidos, cree. El piso de tablas traquea bajo sus pasos. Quiere despertar al hombre. Considera que debe estar segura de lo que pasa afuera para hacerlo. Lo de las campanas no puede ser posible. Ellas quedaron atrás, suspendidas en iglesias de tejados pardos, sonando en el centro de los pueblos que atravesó la muchedumbre. Pero la mujer las ha acabado de escuchar. Como si el sonido de los badajos marcara la duración de su vigilia. Desde hacía días intentaba agarrar un trozo de sueño. El cansancio era excesivo. Producto de los largos caminos andados, de noches vividas a la intemperie, bajo lluvias torrenciales y vientos de látigo. A veces, no obstante, cerraba los ojos. Y creía que el reposo vendría con sólo recostar el cuerpo sobre una estera. Imágenes de la sublevación, en cambio, se mezclaban. Sucedían gritos, el ruido de los edictos rotos, el de las múcuras de aguardiente estrelladas contra los muros, los cohetes disparados para celebrar la revuelta, el fuego devorando techos de paja y paredes de bahareque, y toques de campanas que la sacaban del pozo sin tiempo y sin espacio donde ella quería hundirse para descansar. Frente a la puerta la mujer escucha. Detrás de la respiración de la noche, que huele a fragancias vegetales, se delinean las ondulaciones del sonido. Pero no son campanas. Son como jadeos de animales. O una orden de silencio semejante al restallar de un zurriago. Todo es tan breve que no sabe en verdad de dónde brota el ruido. La mujer se aferra a suposiciones salvadoras. Desea creer que son compañeros los que se mueven afuera. De repente, la inunda la certeza de que los protegen quienes aún confían en la lucha comenzada meses atrás, cuando los caminos se forjaron con una turba que avanzaba hacia la capital, tremolando banderas negras y rojas, dueña de palos, rejones y cuchillos. Es la ronda que cambia de turno, se dice. O que recorre, vigilante, los alrededores del campamento. Pero ella sabe que la traición ya se ha presentado. Y hoy es la desbandada para los miles de hombres que protestan por el rigor de los impuestos. Un volver a las tierras de Santander con la sospecha de que el gobierno no cumplirá jamás lo jurado en las sesiones de Zipaquirá.* Para ella y su hombre, creyentes aún en la posibilidad de la lucha, la única salida es la huida. Tal vez un tiempo más, y una nueva rebelión podría fraguarse, menos ingenua y espontánea, más distante de las divisiones y las falsas promesas. Aunque eso parecía imposible en un Reino donde el engaño era general, y el único lenguaje empleado el de la artimaña y la emboscada. Su hombre no se cansaba de repetirlo: conocía las modulaciones de las guerras y los diálogos de paz, y estaba seguro de que, detrás de todo, la mentira se imponía. Ahora él duerme, piensa la mujer. Alcanza a distinguir su cuerpo cubierto por las mantas. Sobre un baúl, más allá de la cama, ve las sombras de las corroscas, la pistola y el fusil. Escucha el respirar que construye, por un momento, un silbido de eres y eses ásperas. Él cambia de posición. Ella se ve asediada por un deseo intempestivo de meterse entre las mantas. Poderse pegar al hombre. Acercarse y sentir el olor de las cabalgaduras y las botas, del tabaco y el café, hasta llegar al del sudor

* Ciudad colombiana donde se firmaron, en junio de 1781, las capitulaciones de la llamada "revolución comunera", insurrección realizada por campesinos de la provincia de Santander, preámbulo de la guerra independentista. [E.]

gozado tantas veces. Llenarse de él. Saberse rodeada por sus manos. Sentirse amparada. En medio de la oscuridad, escuchar palabras de calma. Y con ellas, desprenderse del estrépito desparramado por el mundo. Pero ahora es la fuga inevitable. En su mente se vuelven a cruzar voces de protesta y cascos de caballos realistas que persiguen. Afuera hay un rebuznar, ladridos, una palabra que atraviesa la atmósfera. La mujer quiere saltar a la cama. Despertar al hombre. Salir y envolverse con las sombras de la noche. Proseguir la escapatoria. Pero vacila. Algo innombrable la paraliza. Siente, aterrorizada, cómo toda su fuerza desemboca en un solo sitio. Sus dedos sostienen un pedazo de vela cuyo resplandor es negro.

3

A TIENTAS VUELVE a surcar el cuarto. A tientas toca la jarra de agua, el baúl de las ropas, el libro leído hace unas horas para atrapar el sueño. Y mientras tantea, la mujer piensa, si se descolgaran por los tejados, si vinieran ocultos en las fisuras de una brisa súbita, si brotaran de las tinieblas como criaturas de pesadilla. Aunque no sabe, en realidad, a quiénes se refiere. Quisiera imaginar soldados enemigos, uniformes oscuros, cascos de acero, un idioma hecho de escupitajos. La palabra "enemigos", sin embargo, le parece imprecisa. En estos días ha tomado una extraña condición de ubicuidad. La guerra guardaba un enemigo en cada calle, en cada esquina, en cada casa de la capital invadida. Los rumores llegaban a todos los rincones. Y el repudio era suficiente prueba de que la amenaza adquiría progresivamente visos de muerte. Todo se había vuelto intolerable. El no tener derecho a los fichos de racionamiento para las vituallas, las emisiones en la radio donde denigraban de ellos, la prohibición de dejar la ciudad. La mujer supone que están sobre el alféizar de la ventana. Se aproxima y mira a través de ella. El miedo, concluye, es una araña que teje una tela opaca tan vasta como el universo. Por un segundo, cree ver, al otro lado de los vidrios, las facciones de un rostro. Una boca vacía debajo de dos oquedades. La boca, lenta, empieza a chupar. Y a cada movimiento de succión, el miedo deja de ser telaraña para transformarse en un miembro inmenso que destroza los cristales. Y la aniquila a ella y al hombre que duerme en la mitad de la pieza. La mujer parpadea. Se pasa una de las manos por la frente. Sigue buscando con los dedos. Oye el eco de un motor, una estela de pasos que corren por los lados de la calle Des Ecouffes. Detiene la respiración. Corrobora de nuevo el palpitar del silencio. Por fin halla los fósforos. Y, levemente, como si estuviera dictando una frase a un escriba invisible, dice: "Jueves dieciséis de julio, y todavía continúa la guerra". Entonces, al rasgar las tinieblas con el resplandor, recuerda el aviso. Busca la blusa entre la ropa del baúl. Hunde la mano en el bolsillo. Se tropieza con el pedazo de tela burda, amarilla y de puntas negras, que diseña la estrella de la identidad. Después toma el papel. Lo desenrolla. Lee el mensaje anónimo. La tira de papel de periódico está deshecha de tanto plegarla y desplegarla. De tanto apretarla con manos temblorosas. Desleída por las muchas lecturas. El hombre había dicho, al recorrer sus letras por última vez, que era una falsa alarma, y por lo tanto permanecerían en casa. La mujer propuso esconderse en otro lugar, al menos por uno o dos días. Le habló del sentido de las premoniciones, de sus manos habitualmente tibias que se habían tornado frías. Pero la resolución era infranqueable. Ella aconsejó guarecerse donde el conserje. Meterse en una de las cavas con otros que, como ellos, también temían. O llenarse de valor, burlar los militares franceses y alemanes, salir del barrio Saint Paul e ir hacia el sur. El hombre le acarició el cabello. La miró con fijeza. Le habló quedo. Le procuró un poco de calma. Ahora ella se reprocha haber creído. Para convencerse de su ingenuidad, vuelve a repetir las palabras del mensaje escrito: "Esta noche será sofocante. Habrá tormenta. Vayan a otro lugar más fresco". Cuando termina, mira hacia un rincón del cuarto. Una gota de sudor se desliza por su mejilla hasta caer en la mecha. El chasquido se produce. Y surge una mudez tan densa como un estampido. La mujer se siente sacudida por una revelación íntima. Sabe que presencia una señal secreta de la cual sólo ella es testigo. En la puerta suenan, secos y espaciados, tres toques.

4

CON PATADAS Y HACHAZOS la derriban. Unos se han quedado afuera, junto al carro. Dos entran. Todos llevan capuchas. Las órdenes las da uno que está descubierto. Sus ojos son color gargajo. El pelo lo lleva cortado al rape. El rostro, signado por un acné voraz, es una crispación sin término. Al oír los golpes, el hombre brinca de la cama y toma el arma. Un vestigio de machete con óxido y sin mango. De nada sirve el gesto de defensa. La culata de la metralleta se estrella contra su cara. La mujer trata de interponerse. Comienza a dar gritos de auxilio. Piensa que por ser mujer podrían respetarla. Pero recibe un manotazo en el cuello y cae en el extremo de la única pieza de la casa. Latas, cartones, periódicos, plásticos del techo empiezan a ser arrancados. Con la nariz reventada, el hombre intenta de nuevo impedir la destrucción. A los dos les habían prevenido los otros carreteros. Sabían que en cualquier noche podían llegar, anónimos y armados. Sabían de los riesgos incluso antes de llegar a la capital. Huían de masacres, incendios, amenazas que se expandían, como una epidemia incurable, por valles, montañas y llanuras. Venían de un norte donde el sol quemaba y el verde de las plantaciones era sangriento. Dueños de una esperanza invencible, cruzaron quebradas en la noche. Recorrieron caseríos amodorrados bajo tardes de canícula. Él, cargando un baúl de ropas. Ella, una caja donde iban algunas ollas, platos y cubiertos. Hasta que desde el Alto de Boquerón lograron ver la ciudad como un hombre acostado y herido de luces parpadeantes. Sentían, a pesar del desamparo, que una fuerza divina los cubría. De ahí el Sagrado Corazón que a diario flotaba en los labios de ella. Y la estampa del Niño Jesús,* colgada de un clavo, en uno de los rincones de la pieza. De qué otra manera explicar el haber salido vivos de una región donde los paramilitares, la guerrilla y el ejército sembraban una desolación atávica. Medellín se había presentado como un infierno menos atroz que el que dejaban. Primero, intentaron establecerse en Santo Domingo. Un dédalo, en lo más alto de las montañas, dibujado por una uña que temblaba de miedo y rabia. Desde allí, fue rápida la visión de la ciudad como una profunda llaga tramada de calles, edificios y hombres desalados. Pero de Santo Domingo los echó la policía a punta de bolillos y bombas lacrimógenas en un amanecer sin fecha. Después deambularon por Guayaquil, entre una algazara de vendedores ambulantes, atracadores, prostitutas y niños que aspiraban botellas de pegante. Fue cuando él se hizo a la carreta. Comenzó a trabajar con frascos, hierros, cajas y toda suerte de basuras vendibles. Su atavío se hizo de mugre y óxido. Y cualquier lugar podía ser la casa en ese laberinto de abandono. Ahora al hombre lo toman varios brazos. Lo sacan a empellones. Lo acuestan boca abajo con las manos esposadas. Uno de

* Las figuras del Niño Jesús y del Sagrado Corazón son de gran veneración en la clase popular colombiana. [E.]

ellos le pisa la cabeza con la bota. Le hunde el pico de la metralleta en la cabeza. La mujer llora. Suplica que no lo maten. Se
persigna varias veces. Hace una grotesca cruz en el aire. El
llanto, en vez de apiadar, altera. "¡Cállese!", le espeta el que
posee cara. La mujer siente un fuetazo hirviente en la mejilla.
El fuego comienza a devorar la casucha. El mundo cobra una
dimensión mágica bajo el fulgor crepitante. La mujer mira la
agitada labor de las llamas. El ruido de un motor la saca de la
perplejidad. Llama prolongadamente al hombre. En ese momento, él es una sombra bajo los pies de los que se alejan en el
carro. La mujer continúa dando llamadas. En una de sus manos aprieta algo con impotencia. Al abrirla, ve un pequeño cabo de vela. Está apagada. Pero su humo traza una figura.

El madrigal*

1

EL PRÍNCIPE DE VENOSA mira las hojas regadas sobre la mesa. Sabe qué escribir sobre el pentagrama. Ya no existen los arduos intentos de atrapar los sonidos escuchados en el sueño. Los acordes resuenan ahora nítidos en su cuerpo. Pero no hay alegría porque se le haya revelado una nueva fase en su modo de composición, sino una urgente necesidad de interrumpir, aunque sea por un momento, el final de la obra. Abrumado, se levanta. Siente asco por todo lo circundante. Piensa no seguir su plan meticuloso. Quiere irse a un refugio en las montañas. Y no concluir lo que le ha costado las más ásperas luchas contra los demonios del contrapunto. Le llegan, como fogonazos, imágenes amadas de la mujer: el gesto de agónica felicidad en las primeras noches compartidas, la suavidad de los labios en su miembro, las piernas entrelazadas mientras él confesaba secretos escondidos desde la niñez. El sopor de la noche, incrustado en su propia noche, le hace abrir la ventana. Entre el follaje de los árboles, como un ojo compasivo, ve emerger la luna con lentitud. El Príncipe trata de definir el suplicio de los últimos días a partir del mo-

* Publicado originalmente en *La sinfónica y otros cuentos musicales*, Medellín, El Propio Bolsillo, 1997, pp. 7-16.

vimiento del astro. Reconoce, en las hojas de la mesa, algo de ese leve transcurrir de las dolencias internas. Cierra los ojos. En su mente reproduce, consolándose, el primer sonido de las cinco voces. Sonido afectado por una fuerza inicial que se va esfumando. Y luego es el tortuoso ascenso cimentado en las palabras "Por qué". Recorre nuevamente las respuestas que ella daría si él fuese capaz de abordarla. Pero ninguna puede convencerlo. Presiente la mentira o, peor aún, la súplica. Ambas, en todo caso, aumentan su rabiosa amargura de traicionado. Sabiendo que el desespero crece cuando no está sumergido en su labor, camina hacia la mesa. Vuelve a mirar los signos y las líneas rígidas con que la música se disfraza, los matices marcados por él con tintas de colores diferentes. Sigue, sin cantarlos, los tres temas que, en determinado sitio, se unen en el fortísimo de las voces. Está seguro de que el efecto será repudiado por la mayoría de los críticos. Su desazón no ha permitido, sin embargo, las estabilidades armónicas, los lirismos que sean recordados después por una levedad o una tristeza fáciles. Más bien, es preciso que ese lugar de la composición tenga una aspereza que se torne insoportable durante segundos. Y que después pase, poco a poco, por los trances de un dolor construido con disonancias nunca antes utilizadas. Además, superada la impotencia del comienzo, lo escrito es lo más cercano a los vestigios sonoros del sueño. De ese sueño que se le instaló en su memoria, como un paisaje nefasto, en las vísperas del matrimonio.

2

FUE MENESTER que pasaran años para que el Príncipe volviera a despertar y sintiera que su cuerpo resonaba como un gran instrumento. La música soñada antes de las nupcias, a diferencia de la que lo había despertado pocas semanas atrás, se dejó plasmar fácilmente. Y, cuando el obispo bendijo la unión hasta la eternidad, fue cantada con regocijo. En el momento del beso, ella le susurró que los sonidos que llenaban cada rincón de la iglesia eran el trasunto de su dicha. Algo, empero, había quedado sin expresar. Un pasaje sonoro del sueño que el Príncipe desechó por no encajar con el diáfano resplandor del resto. Seguro de esta consideración, los ecos del sueño se fueron haciendo minúsculos en su mente. Y nada de ello contó al sacerdote organista que revisaba, con juicio bondadoso pero contundente, sus creaciones.

El sacerdote lo conoció años atrás. Se percató de que era observado por alguien que se escondía detrás de una columna. El niño, curioso por los movimientos de los dedos en las teclas, dijo su nombre. Luego superó la timidez y tocó, con algunas posturas equívocas, melodías que el religioso no identificó en el extenso archivo de su memoria. No hubo duda. Era un talento fuera de lo común. Cuando le preguntó por su guía de órgano, el niño, bajando la cabeza, lo señaló a él. Desde entonces, el sacerdote se encargó de dirigir una formación basada en las relaciones del Quadrivium y en un desdén por los claustros umbríos de la universidad. Le mostró los modos de la música griega propicios para hacer de la melancolía un mal productivo, para suavizar los temperamentos coléricos y encauzar las energías de los desesperados. Estudiaron, con un rigor que nunca fatigó al adolescente, los principios armónicos de Zarlino. Y disfrutaron, como una jornada de aventuras, el análisis del contrapunto cancrizante. Mientras la corte entera se entregaba a un asueto de cazas y paseos, juegos de azar y torneos deportivos, el joven aprendió la elemental perfección de los cantos ambrosianos. Tampoco fue ajeno a la música profana. El sacerdote le hizo un método de tablatura para laúd, instrumento que el Príncipe había escogido porque la voz de las cuerdas calmaba sus repentinas depresiones de causas inciertas. No vaciló en darle, durante las caminatas que hacían al campo, las baladas de Machaut, sobre todo aquéllas que fueron escritas cuando el francés, anciano y enfermo, se sintió rejuvenecido por el correspondido amor de una muchacha. Y, creyendo que un hombre que conociera sólo de música nunca llegaría a ser un músico, hizo que el Príncipe acompañara a Ulises en su trasegar y conociera lo dicho por Marco Polo. Le habló de la construcción de puentes y fortalezas, del astrolabio y la brújula, de Agustín y el monje de Aquino. También el sacerdote dijo, en varias oportunidades, a la salida de conciertos dados por el Príncipe, que su música apuntaba al futuro, y que esas extravagancias —ambigüedades jamás resueltas— atacadas por muchos, perdurarían en el tiempo. Y aunque el Príncipe tenía el suficiente poder para ejecutar sus composiciones en cualquier lugar del reino y con los mejores intérpretes, reconocía que los conceptos del padre favorecían su prestigio. Con todo, el hecho de que siguiera sintiéndose discípulo y confidente del sacerdote, no era óbice para que el crimen fuera consumado.

3

DE LA OBRA que estaba a punto de finalizar, algo le había dicho, una vez que se encontraron camino de la iglesia. El viejo maestro iba a su diaria tarea de tocar el órgano en las celebraciones vespertinas. El Príncipe trataba de refrescar su confusión con las brisas de la intemperie. Ante el semblante descompuesto, el padre lo invitó a escuchar la ejecución de un Magnificat del renombrado Di Lasso, cuyas partituras había conseguido en su reciente viaje a la capital. La negativa fue invencible. El Príncipe dijo que quería estar solo, paseando, mientras llegaba la oscuridad. Algo huidizo, explicó, se movía en su mente y le era imprescindible asirlo. En tal desasosiego, la servidumbre, sus más cercanos amigos y la mujer lo vieron caminar, bajo el peso de una condena extraña, por los senderos que cruzaban los bosques de pinos enanos. Bordear, embelesado en sus pasos lentos, el lago donde había vivido horas inolvidables al lado de ella. Dar vueltas por aposentos y crujías durante noches sin fin. Era imprudente recordarle que descuidaba sus hábitos en el comer y el vestir. Respondía entonces como una fiera acorralada. A la mujer, sin embargo, nunca le demostró agresividad alguna. Al preguntársele por el motivo de su transformación, siempre tuvo como réplica: "Son asuntos de mi oficio". Así lo tomó ella. De igual modo lo supo el amante. Aunque éste vivía con el temor de ser sorprendido, a pesar de que se le explicaba con aire de envidiable seguridad: "Está demasiado ocupado en su música para pensar en mí". La verdad era otra. Desde el día en que supo la existencia del otro, el Príncipe no dejó pasar nada desapercibido. Cada salida, toda visita, los paseos, las frecuentes idas al templo de la mujer, fueron observados con severidad.

Después de haberla visto por vez primera, el Príncipe la abordó en un camino. No respetó la presencia de la menina, y le confesó su amor sin tregua. Al poco tiempo se casaron con la pompa y el lujo propios de los nobles. El Príncipe pudo conocer esa embriaguez de los sentidos que comparó con la más alta lucidez del espíritu. Se sintió parte de un todo en irreprochable equilibrio. Se creyó justificado en la vida por el conocimiento pleno del amor. Fueron varias las veces en que, penetrando su cálida humedad, tuvo la felicidad de saberse fundido. Nadie pensó que existieran desposados más gozosos. Muchos creyeron en una prosperidad resistente incluso a los achaques de la vejez. Ella también fue de esa opinión hasta que se hizo presente el otro. Seducida por los nuevos encantos, aprovechó una de las continuas ausencias del Príncipe, que viajaba para interpretar sus obras o escuchar a los maestros de la polifonía. Se entregó sin tapujos. Y, cada vez que pudo, siguió viviendo un amor que la dejaba exhausta, saciada, envuelta en una suerte de agonía nunca proporcionada por su esposo.

4

AL OÍR LOS PORMENORES de la traición, el Príncipe entendió que la música, otra vez soñada, era un presagio. Y así como se iluminan los objetos por el relámpago, surgió la certeza. La raíz de la música, que ahora componía, era el fragmento del primer sueño que él había olvidado inexplicablemente. Esa misma noche, desolado frente al vacío de las hojas pautadas, se prometió no hacer nada hasta terminar eso que poseía dimensiones escurridizas. Tres meses habían transcurrido. La obra fue empezada una y otra vez. Algunos pasajes tomaron su adecuado color después de sucesivas enmiendas. Cada acorde fue divagado hasta el cansancio para dar la impresión de la mágica espontaneidad. Hubo jornadas enteras en que no fue capaz de escribir ninguna nota. Le parecían corrosivas y contrahechas. A punto de acabar, se creyó estúpido haciendo algo que sería ignorado con sorna por muchos oyentes. Y el peor de los imbéciles, al estar preso entre dos abstracciones abominables: el amor y los sonidos. Pero todo ya hacía parte del pasado. Era necesario escribir lo que faltaba. En el papel tenía que difuminarse la angustia. El rastro de la queja debía perderse en el vacío.

El Príncipe de Venosa, entonces, se sienta. Con calma termina el madrigal. Ahora sabe donde encontrarlos. Pero antes ha de llevar las hojas al sacerdote. Y no habrá necesidad de esperar sugerencias. Porque está convencido de que al padre lo cimbrará el asombro. Luego, le pedirá el favor de interpretar la composición en los próximos funerales que se realicen en la iglesia. Y, con la bendición impartida sobre su cabeza, enfrentará el mutismo de las callejas nocturnas.

5

EL PRÍNCIPE DE VENOSA, en la penumbra del zaguán, escucha la jadeante voz del sirviente. Escuetas son las últimas indicaciones. Las pisadas se apresuran en los largos pasillos. Guiados por una tea suben las escalas. El Príncipe, por un instante, se aterroriza al ver su sombra distorsionada en la pared. No dice palabra. Observa cómo golpean la puerta. En los intersticios del forcejeo, oye movimientos de alarma en el interior. Desea devolverse. Pero lo que sigue lo absorbe rápidamente. Entre el bullicio ve caer al hombre. Suspendido como una exclamación silenciosa. La luz crece. En el extremo de la alcoba la mujer intenta cubrir su desnudez. El Príncipe fija los ojos enrojecidos en el pubis tantas veces acariciado, en el vientre donde volvió a ser niño, en los senos que calmaron una sed padecida desde siempre. Piensa en no matar. Anhela con todas sus fuerzas que el mundo se detenga en ese recodo del tiempo en que la muerte se confunde con la belleza. Pero ella sonríe. Y la sonrisa produce el derrumbe de una visión que linda con el éxtasis. Ni siquiera le deja abrazar al amante que yace al lado de la cama. Al sacar el cuchillo del cuerpo una, dos, tres veces, el músico siente que todo es ligereza. Cuando la mujer termina de caer, el sirviente cierra los ojos para pronunciar un responso. El Príncipe, en cambio, se retira en silencio. En su mente, las cinco voces dicen: "¿Por qué la muerte es el único alivio?"

Vela apagada*

NO HAY OTRA SALIDA. Las viejas pesadillas han vuelto. La atracción por las ventanas y los puentes. Los despertares en la madrugada con la certeza de que caigo al vacío. Las imágenes rotas en pedazos que se detienen y comienzan a girar envueltas en una lentitud agobiante. He intentado borrarlas. Tú, de algún modo, me protegiste de ellas. Con la música pretendí aligerar el peso de sus espadas atroces. Con el traslado de una ciudad a otra. Pero han estado guardadas ahí. En un sitio más allá de la memoria. ¿Valdría la pena describírtelas? Otra vez dirías, compasiva, sí, háblame de tus miedos que yo existo para defenderte de ellos. Y entonces te contaré de las máscaras. De su manera de aferrarse a mi rostro y acosarme a lo largo de vías anochecidas. Jadeante. Empapada mi ropa en sudor. Estoy corriendo, Clara. Las calles pasan vertiginosas. Los muros gritan. Se lanzan sobre mí. Y yo arranco la última máscara. Y quedo aislado. Sin calles ni muros ni noche. Solamente yo. Cubierto de protuberancias. Expeliendo un olor insoportable. Pero el Rhin está próximo. Nadie transita sus riberas. Todo el mundo debería estar

* Publicado originalmente en *La sinfónica y otros cuentos musicales,* Medellín, El Propio Bolsillo, 1997, pp. 123-128.

afuera preparándose para el carnaval de mañana. Sólo hay fachadas silenciosas. Papeles de fiesta adornando las ventanas. Recuerdas cuando compuse el Carnaval, Clara. Comenzaba la primavera. Tenías nueve años. Yo te doblaba la edad. Y tomaba tus manos blancas. Caminábamos por el bosque. Recogíamos las pequeñas flores amarillas. Entrábamos a la casa. Buscábamos el piano. Y te mostraba las obras del viejo Bach. Su efecto purificador lo reconocíamos de inmediato. Y tu padre, que no era aún el hombre horrible de más tarde, permitía que te leyera cuentos de Hoffmann en las noches. Sin saber que nuestro amor ya era una raíz profunda. Era ese el tiempo en que yo podía decir, me consagro al arte, siento el valor y la paciencia y la fe y estoy dispuesto a recorrer el largo camino para llegar a la meta. Pero ahora el camino está recorrido. Y no hay más valor ni más fe, sino esta oscuridad tramada de ansiedad que me empuja a buscar el río. Sin embargo, estoy todavía aquí. Piso por última vez las calles de Dusseldorf. Y parece que una tregua me fuera otorgada. Como si una puerta de hierro estuviera cerrándose entre los dos, Clara. Y yo mirara el pequeño espacio restante y te dijera que esperaras y arrojara mi mano para tantear en las tinieblas el luminoso aleteo de la tuya. Me falta el aire. Tengo fiebre. Sudo. Quisiera parar en alguna esquina. Respirar pausadamente. Acudir de nuevo al sosiego. Regresar a casa. Poder recostarme en tu vientre. Cerrar los ojos mientras la confusión me pasa. Sentir tu mano acariciar mi pelo. Irme durmiendo rodeado de una tristeza suave. Así como se duermen los niños después del llanto. La niñez, Clara. Por qué no es posible retornar al inicio. Cuando todo es presente detenido y el pasado no existe y el futuro es tan sólo una imagen. Lejos los fantasmas, los abismos, el dolor del pensamiento. Eso intenté reflejar en las Escenas de Niños. Un mundo de ensueños. Países distantes. Caballos de madera. Para mí la única forma de hacerlo era utilizando fragmentos. No soy de extensas obras, lo sabes. La majestuosidad me oprime. Y lo que pude decir está en esos trozos de sonidos que van desde la luz fugitiva hasta la bruma, del fuego caprichoso a la quietud, del hielo de la euforia a la ternura contemplativa, de la esperanza a la más férrea descreencia. Pero sé que algo, cuando comience a adormecerme en tu regazo, se despertará en mí. Y me dirá, hazle daño, golpéala. Y sentiré náuseas de mí mismo. Deseos de desaparecer. Porque no quiero lastimarte. Y abriré los ojos. Y estarán ahí, Clara. Unas negras alas desplegadas de voces disonantes. Yo las echaré a gritos. No me harán caso. Se pondrán a revolotear por la sala. Invadirán el cuarto del piano. Una de ellas tocará un la insistente. Y el la será una aguja hundida en mis oídos. Y no habrá otro camino. Me sentaré a componer. Haré variaciones sobre ese la perpetuo. Después me levantaré. Iré de un lado a otro. Gesticularé. Golpearé mi cabeza contra las paredes. Y el la seguirá aturdiéndome implacable. Me pondré frente al piano. Diré, está bien, por favor, déjenme en paz. Y terminaré buscándote. Clara, toca estas variaciones. Te lo suplico. Es lo último que he hecho. Por qué me miras de esa manera. Empieza. No lo entiendes. Ese es el compromiso. Les compongo para que se vayan. No las ves. Mirarás a todas partes. Me preguntarás en dónde. Y yo gritaré, rápido que ellas no esperan. Dices que no comprendes las notas. Hay muchas enmiendas, Roberto. Cuál es la tonalidad. Este es un sostenido o un bemol, preguntas. Los acordes son extraños. Y poco a poco de tus dedos saldrán esas melodías deformes. Esa música que es como una raíz que crece al borde del precipicio. Esa imprecisa armonía que es el rostro de esta noche voraz que me atrapa. Pero para calmarme tocarás otra cosa. El lento de los cuentos de hadas que hice pensando en ti. Y el mundo se irá dulcificando. Insinuarás que me recueste. Estás cansado, Roberto. Hace frío. Ven a la pieza. No apagaré la luz, te lo prometo. No te asustes, niño mío. Yo estoy contigo. Ya se fueron. No hay nadie más. Sólo estamos tú y yo. Voy a leerte un cuento. El que quieras. Y habrá un pueblo cruzado por un río apacible. Una bruma de bosques. Voces de unicornios y elfos. Y será inevitable acordarme del lugar donde nací. De los primeros años. De mamá cantando en los atardeceres tonadas inolvidables. Y del suicidio de mi hermana. Tenía veinte años. Era una niña aún. Si te imaginas, Clara. No supimos por qué mi hermana ya no estaba. Y todo me parecerá tan definitivamente perdido que lloraré. Sentiré alivio con las lágrimas. Recuéstate en mis hombros, Roberto. Llora. No te preocupes. Es lo que necesitas. El pasado me tortura, Clara. Pero ahora es el presente, dices. Y en él estamos los dos. Y está tu música. Escuchada y aplaudida en los recintos de Europa. Una especie de paz me irá llegando a pedazos. Déjame limpiarte las mejillas, susurras. Me besas la frente. Pasas tus dedos por mi pelo. Si ves, las tormentas terminan por amainar. Y yo comenzaré a creer en tus palabras. Me recostaré de nuevo en ellas. Por encima de tus hombros, entonces, surgirán las sombras. Las veré asomarse por la ventana. Entrar y rodear la cama. Agitarse como látigos de fuego. Las veré suspendidas en un vuelo grotesco. Y se transformarán en hienas. Y correré por el cuarto. Gritaré hacia adentro de mí mismo. Con la garganta bloqueada caeré en el suelo. Y vendrán las convulsiones. Roberto, por lo que más quieras. Cálmate. Hazlo por mí. Y, exhausta, te hundirás en la impotencia. Perdóname. Perdóname mil veces, Clara. Sé que ahora habrás llegado a casa. Y te darás cuenta de mi ausencia. Entiéndeme. No puedo estar más tiempo a tu lado. No quiero atormentarte. Es mejor poner freno a este desmoronamiento de la conciencia. La música para mí ya es silencio. Estoy agotado. Soy una vela apagada. Y el Rhin está aquí. Lo miro. Tengo miedo. Pero no hay otra salida. Las máscaras me acosan. Siempre me han acosado. Doy un paso. Caigo. Grito mi nombre. Grito Clara. Y las aguas me envían un eco distorsionado.

Lina María Pérez Gaviria

LOS MUERTOS TIENEN MALA REPUTACIÓN

SONATA EN MÍ

NI QUEDAN HUELLAS EN EL AGUA

NACIÓ EN BOGOTÁ. Es licenciada en Filosofía y Letras por la Pontificia Universidad Javeriana de Bogotá. El Ministerio de Cultura de Colombia le asignó en el año 2000 la Beca de Creación Literaria. Su antología *Cuentos sin antifaz* (Arango, 2001) reúne relatos escritos durante siete años, algunos de ellos con nominaciones nacionales ("Los muertos tienen mala reputación" y "Pisingaña jugaremos a la araña") e internacionales ("El bello durmiente").

En 1999, obtuvo el Premio Internacional de Cuentos Juan Rulfo Modalidad Semana Negra, convocado por Radio Internacional de Francia con el cuento "Silencio de neón", que es llevado al cine en formato de mediometraje. En el año 2000 se le concedió el Primer Premio Nacional de Cuento Pedro Gómez Valderrama a "Sonata en *mí*" (publicado en la revista literaria *Número,* edición 28, de mayo de 2001.)

En el año 1995 obtuvo el segundo premio en el IV Concurso Nacional de Cuento Infantil, convocado por la Universidad Cooperativa de Colombia, con el cuento "Martín Tominejo".

En el año 2002 fue finalista en el XV Premio Internacional de Cuentos Max Aub, de España, con el cuento "Ni quedan huellas en el agua" publicado en la revista literaria *Número,* edición 36, de mayo de 2003, que da título a su reciente antología en proceso de edición.

En el 2003 ganó en España, el XXXII Concurso Internacional de Cuentos Ignacio Aldecoa con "Bolero para una noche de tango".

Sus cuentos han sido incluidos en varias antologías. Es autora de *A la sombra de una nínfula,* biografía de Vladimir Nabokov (Panamericana, 2004).

Ha sido invitada a certámenes internacionales como el Encuentro de Narradores Latinoamericanos y Españoles convocado por la Universidad Nacional y la Universidad de los Andes en el año 2000 y representó a Colombia en el Simposio Internacional "2001 Odisea de la narrativa hispanoamericana", organizado por la Universidad Central de Bogotá. Además, realizó parte de "El Aquelarre de la palabra", convocado por la Universidad Externado de Colombia en octubre de 2002.

Los muertos
tienen mala reputación*

*... te hablo de las vastas noches
alumbradas por una estrella de menta
que enciende toda sangre...*
AURELIO ARTURO

EL MUERTO DE LA MAÑANA le traería suerte. Como era su costumbre después de los entierros Leonardo esperó la noche. Con el sigilo habitual encendió dos veladoras, deslizó el cajón hacia afuera y destapó fácilmente el ataúd con la ganzúa. No tenía nada diferente de los muertos que había conocido en los últimos tres años. Pálido y rígido como todos, parecía dormido. No le molestó el espeso olor a rosas que brotó del interior, ni se preguntó, como otras veces, por la inútil costumbre de introducir flores en los ataúdes. Tenía que concentrarse en el esfuerzo que significaba quitarle el vestido. Su mirada experta le auguró quince o veinte mil pesos para su bolsillo. El paño fino y un corte elegante convencerían a Doña Temilda. Sí, este muerto auguraba suerte: vestido completo, zapatos y medias nuevas. Otros eran enterrados sólo con la camisa, la chaqueta y la corbata, y una sábana que los cubría de la cintura hacia abajo. De ellos sacaba sólo ocho o diez mil pesos.

No le tomó mucho tiempo. Quedó extenuado. El muerto estaba muy pesado; acomodado de nuevo en su nido de palo de rosa nadie sospecharía nada. Al día siguiente vendrían los se-

* Publicado originalmente en *Cuentos sin antifaz*, Bogotá, Arango, 2001, pp. 31-46.

pultureros y cerrarían la tumba con ladrillos y cemento, y pondrían la placa de identificación. Sólo en ese momento sabría el nombre y la edad del dueño del vestido que le daría para comer durante unos veinte días. Entonces tomaría nota para el registro meticuloso que llevaba en un cuaderno. Abrazó el vestido y los zapatos como si fueran un tesoro. Se dirigió en medio de la oscuridad, a lo que él llamaba su "casa", un mausoleo del ala Este del cementerio, la destinada a las tumbas de alcurnia y en cuya entrada y en letras doradas se leía: "Aquí descansan en paz los restos de la estirpe Lozano de la Concha, Lozano Altamirano y Lozano Rubio", y las fechas: 1874 a 1951. Leonardo atravesó el extenso pabellón bajo tierra que conducía a las cámaras uno y dos en las que yacían las tumbas de catorce Lozanos, encendió la veladora de su "habitación", y depositó en "Ramiro Lozano" su botín. Se acostó, como todas las noches, sobre "María Juliana Rubio de Lozano", muerta en 1906. Un mullido colchón y tres mantas constituían su menaje de dormir. Las dos tumbas paralelas estaban situadas en la cámara número tres, la más interna; gracias a una intrincada obra de ingeniería invisible, Leonardo había logrado adaptar un ducto de ventilación y una aceptable entrada de luz diurna. Nada turbó su sueño, que empezó como todas las noches, con un pensamiento de gratitud por todos los difuntos que le hacían posible una existencia cómoda y a salvo de las miserias del pasado desde el cual, de vez en cuando, la imagen de Don Tacho con toda su crueldad lo amargaba.

Leonardo se levanta todas las mañanas con el primer hilo de luz. Desayuna con dos trozos de pan y aguadepanela* caliente. El pequeño reverbero hace su labor mientras ordena la estan-

* Bebida que consiste en una infusión de panela que en la clase popular tiene no sólo gran consumo, sino que se le considera una bebida muy energizante. [E.]

cia de acuerdo con el instinto desarrollado para moverse sin ruidos. Camina, recoge, limpia como si fuera un espectro en la cámara tres de su reino silente. Envuelve cuidadosamente el vestido y los zapatos del muerto de ayer y se dispone a salir. Debe hacerlo antes de las seis, cuando comienzan los guardianes a recorrer como sonámbulos las extensas galerías del cementerio. Sabe que de su pericia depende la comodidad de su vida. Entonces afina sus sentidos, se encarama sobre "Jacinto Altamirano Lozano" en la cámara uno, desde la que sin ser visto, abarca un amplio panorama, y espera el momento propicio.

La vida comienza temprano en el ala Sur. Hacia las cinco y media de la mañana se inician los primeros movimientos de las gentes que vienen a dejar flores, lágrimas, veladoras, fotografías y recuerdos de toda índole que Leonardo después toma a su antojo y con los cuales aumenta su patrimonio particular. Como todos los días, Leonardo se dirige a "Rosendo Gallego", en el ala Sur y asume la postura de un doliente cotidiano, confundiéndose con los visitantes tempraneros que elevan oraciones por algún muerto conocido. Este rito diario que ha convertido en cómplice a Rosendo Gallego, nacido en 1948 y fallecido en 1973, lo ha transformado a él mismo en el único salvaguarda de ese refugio que comparte con los muertos y al que defiende del mundo miserable de los vivos. Son los muertos los únicos que en su desafortunada existencia le han prodigado la paz de sus últimos tres años. Aprieta el paquete, calcula que ya es suficiente la comedia y se dirige a la salida principal.

Durante el largo trecho que lo separa algunas veces de la seguridad del cementerio, ese laberinto de sepulcros en el que Leonardo es feliz, observa las hileras de tumbas que a lado y lado bordean el sendero, apenas interrumpido por algún mausoleo, depositario de criptas familiares, similar al "hogar" de los Lozanos. En ellas sólo los ilustres o los ricos conservan unida la familia aún después de la muerte. Para Leonardo la muerte no significa lo mismo que para los vivos. No la asocia con dolor, con ausencia, sino con redención. Los muertos tienen mala reputación, como le insistía *el Motas.* Y con él aprendió a no temerles. Cuando solían esconderse en el cementerio, él decía: "Los que asustan son los vivos, los Don Tachos que abundan y a quienes tarde o temprano hay que quemar".

Así se habituó a los muertos que al principio son un cadáver fresco, y después, un montón de huesos. Los recibe a diario con la expectativa de obtener algo de ellos. Los que llevan mucho tiempo bajo las frías lozas de cemento ya no le incumben, hacen parte de su paisaje sepulcral que considera sólo suyo, y del que también hacen parte el silencio apacible y el viento que silba entre las galerías. Es su paraíso, un lugar quieto, en el que los nombres de las tumbas no significan nada, ni los de las sombras de los guardianes aburridos, ni los de los sepultureros que hacen su trabajo rutinario y se marchan, ni los de los operarios que dos veces por semana barren desganados los corredores grises. Leonardo no habla con nadie, abandona el cementerio sólo cuando tiene "mercancías" para vender a Doña Temilda, y pasa el día escondiéndose de los guardias. Cuida todos sus movimientos, utiliza un pasillo distinto cada vez o las salidas agazapadas que fabricó con *el Motas* por las que introduce lo necesario para su modo de vida, austero, pero suficiente. Lo obsesiona la soberanía que ejerce en la necrópolis. Sabe que las leyes de la calle se basan en la conquista de territorios, y éste, el suyo, está dispuesto a defenderlo a cualquier precio.

Leonardo no completa los veinte años; no sabe con certeza su edad. Es rudo, hosco y astuto. No recuerda su apellido, si es que algún día lo tuvo. En la zozobra de la calle no lo necesitó y aquí en el cementerio, no sirve para nada. Las sombras no poseen apellidos. Porque eso es lo que es: una sombra sigilosa, alerta, siempre en guardia, a la espera de no ser descubierto y cuidando todos y cada uno de los recovecos, de las galerías, de las pequeñas callejuelas, de los escondrijos, desde donde pueda acechar sin ser visto. A las ocho de la mañana se informa sobre los sepelios del día en los letreros que el cura de turno cuelga a la entrada de la capilla. Leonardo organiza su rutina diaria. Si el muerto pertenece a las clases altas, la ceremonia suele ser al medio día o en las primeras horas de la tarde en el ala Norte. Para Leonardo éstos son los más fructíferos porque los muertos ricos casi siempre llevan buena ropa, y algunas veces joyas, libros o cartas que lee cuando está aburrido. Los del ala Sur se acostumbran en la mañana y tienen menos interés para su bolsillo: a los muertos pobres sólo los entierran con sábanas o con ropas que no valen nada en el mercado de Doña Temilda.

Para Leonardo hay unos días que son mejores que otros. Asiste desde lugares estratégicos a las inhumaciones; calibra con la mirada las actitudes de los deudos, sus expresiones, sus vestidos negros, las inútiles coronas de flores; observa con curiosidad el comportamiento de los vivos frente a sus muertos. Para él las ceremonias fúnebres son rituales plagados de zalamerías y oraciones por una vida eterna, que carecen de significado. Establece sus conjeturas y al anochecer regresa con la ganzúa y concluye el trabajo. A lo largo del día esquiva las presencias gimientes que estorban su morada. A las seis de la tarde, las puertas del camposanto se cierran y entonces camina con pasos rotundos, autoritarios, se apodera de la noche y se hace dueño de la reconfortante soledad. Cuando no se ocupa de las prendas de los muertos, Leonardo merodea en su imperio de muertos, se pasea por el ala Oeste, visita el mausoleo de los poetas, o el jardín de los padres de la patria, o las tumbas de los fusilados del siglo anterior, y se dedica a contemplar la noche y los reflejos luminosos de las calles aledañas al cementerio. Se complace en escuchar ese ruido lejano de los automóviles, las sirenas de las ambulancias, los gritos de los policías, el estrépito ensordecedor de los botes de basura rodando y rodando por el pavimento después de los saqueos apresurados. Todo eso ocurre afuera, más allá de los muros del cementerio, en el mugriento imperio de Don Tacho, desde donde el miedo de sus noches vagabundas del pasado no puede entrar, allí donde se quedó para siempre la pesadilla del hambre y del frío, y el olor nauseabundo de su cuerpo y de los cuerpos de sus compañeros de la gallada, y las luchas por el turno para mitigar el infortunio con las emanaciones del *boxer,** y la sumisión a Don Tacho y ese odio tantos años reprimido e impotente... Entonces abandona a los poetas o a los padres de la patria, o a los fusilados del olvido, y camina lentamente, hacia el ala Este. Acompasa su respiración con esa sensación de libertad que le dan el descanso eterno de los Lozanos y la posesión de sus bienes obtenidos en cambalaches y negocios gracias a los muertos, sus muertos...

De regreso al cementerio, Leonardo se congratula por el éxito en la transacción del vestido del finado de la noche anterior. Doña Temilda pagó el precio justo y ha logrado escamotear, una vez más, las sospechas con las que ella lo acosa para averiguar la procedencia de las ropas que él lleva para venderle. Leonardo se detiene en el mausoleo de los Palomares, en el que siempre hay curiosos al lado de la anciana mujer que llora a sus hijos, reconocidos bandidos abatidos por la policía, todos, los cinco, en el lapso de tres meses. Sus parien-

---

* Marca de pegante que los indigentes de Bogotá aspiran en busca de un efecto mitigante de sus sensaciones de hambre. [E.]

tes instalaron a la entrada de la cripta un sistema de sonido que suena sin interrupción con la música que a ellos les gustaba. Y a Leonardo también le agradan esas canciones de amores sin sentido, de mujeres inalcanzables y hombres suplicantes. Pero él no sabe de esas congojas ajenas. El único sentimiento que se le parece al afecto lo experimentó por *el Motas*. El odio contundente por Don Tacho no ha dejado de hervirle la sangre. Pero *el Motas* ya no está e imagina a Don Tacho allá afuera con todo su poder y su infamia adueñándose de las calles y de las miserias de los niños callejeros. Leonardo esquiva los recuerdos y no permite que la música de los Palomares distraiga sus sentidos del diario cuidado de su supervivencia y la guardia de su territorio.

El exagerado celo que empeña en organizar el suministro de sus provisiones lo mantiene pendiente de los muertos promisorios. No olvida la ocasión en que se vio confinado en la cripta de los Lozano durante tres días. El entierro del candidato asesinado tuvo lugar en el pabellón de los hombres de la patria, muy cerca de su morada, desde la que no pudo evitar los discursos, los pésames del gobierno y la monotonía del himno nacional. Y él, muy quieto, desde su mirador invisible, presenció al país entero en el desfile solemne de los gobernantes, los familiares, los copartidarios, los políticos, los que pretendían elegirlo presidente para solucionar sus miserias, los alumnos de los colegios públicos, los mandos militares, las jerarquías eclesiásticas. Una guardia de honor apostada durante los tres días de duelo decretada por el gobierno nacional y compuesta por cuatro gendarmes impecables e inmóviles, recluyó a Leonardo en un desolado enterramiento.

Deposita en "Ramiro Lozano" los víveres y verifica el inventario: dos panelas, doce panes, cinco latas de sardinas, dos de atún, galletas de sal y bocadillos de guayaba. Completan su ración varias revistas de tiras cómicas y dos pares de medias nuevas. Está satisfecho; se ha guardado cinco mil pesos, y las diez y siete veladoras de las tumbas del ala Sur aseguran la ración para un mes. Ordena la ropa limpia que Inés, la sobrina de Doña Temilda, lava semanalmente a cambio de unos pesos. Desde los primeros días en que estableció su guarida en el cementerio encontró la manera de vivir de los muertos. Entonces dejó a un lado los harapos. Al principio intercambiaba con Doña Temilda los trajes elegantes que sustraía de los cadáveres por ropas de segunda en buen estado. Más adelante, las compró nuevas en almacenes populares de barrio y comenzó a vestir con pulcritud. No deseaba despertar sospechas ni llamar la atención, de modo que Leonardo pasaba por un estudiante corriente. Su renovada apariencia era también un desquite con la vida miserable de gamín* padecida en las calles.

Leonardo marca con un lápiz la fecha del día y se dirige a la cámara dos. Como todos los martes, debe llenar el tanque de agua que ha acondicionado en un rústico pero eficaz sistema de almacenamiento en medio de "Adelaida de la Concha de Lozano" y "Edmundo Lozano Lizcano". Las cuatro y diez de su reloj le indican una espera de algo más de dos horas para salir con las vasijas. Se acomoda en Antonio y Eleázar, una loza blanca, en un pequeño pasadizo que da acceso a la cámara tres. A juzgar por su tamaño, no superior a un metro, la tumba alberga a dos recién nacidos antiguos, enterrados el mismo día de su nacimiento en una fecha casi borrada de agosto de 1878.

La veladora ilumina la colección de cuadernos en los que Leonardo hace sus anotaciones. En el correspondiente a sus transacciones, lee la última operación: "Número 203. Josefina Amarales de Uribe. División 5, sección 14, lote 8, sector

* Niño callejero. [E.]

Nazareth, ala Oeste. Julio 22/97. Anillo con dos perlas. Valor: $14.000". Escribe a renglón seguido: "Número 204. Miguel Sanclemente Bernal. División 12, sección 3, lote 34, sector Palestina, ala Norte. Sept. 6/97. Vestido completo hombre. Valor: $25.000". Lo cierra satisfecho. Ojea el cuaderno con los epitafios coleccionados en uno de los pasatiempos con que distrae los días aburridos en el cementerio. Dedica una sonrisa *el Motas,* el compañero de la gallada* que a manera de tutor lo acogió desde niño y le enseñó a leer y a escribir y las sumas y restas que le servirían para defenderse en la vida. Con él también aprendió a pedir limosna, a robar, a esconderse, a huir de la policía y a burlar el dominio de Don Tacho. Fue *el Motas* el que tuvo la idea de apropiarse del cementerio para convertirlo en vivienda. Él lo convenció de que los muertos no asustan, de que sólo entre las lozas grises y monótonas encontrarían la libertad y que sus muros dividen el mundo en dos: el de la vida miserable de las calles de la ciudad, y el de la quieta certidumbre del universo encerrado de los muertos. Pero *el Motas* no alcanzó a realizar su sueño. Murió en los brazos de Leonardo en medio de un charco de sangre por una puñalada que Don Tacho le propinó después de descubrir el engaño con el que escamoteaban las implacables leyes de la indigencia. Fue en el sepelio de *el Motas,* en el ala Sur y en medio de una tristeza que aumentó su rabia, cuando Leonardo tomó la determinación de abandonar la calle y convertir el cementerio en su refugio.

Leonardo observa el orden meticuloso de su morada. En el vasto universo creado dentro de las extensas fronteras del camposanto y del cual tiene absoluto dominio, él es dueño de cada rincón, de los muertos incontables, del tiempo enterrado en

* Banda de indigentes. [E.]

cada tumba y cuyos límites se fijan en una fecha de nacimiento y en otra de muerte... Y también le pertenecen los epitafios almibarados, las cruces altaneras, las canciones cursis de los bandidos, los mausoleos de los ricos, las estatuas mudas, el pabellón de los suicidas, la galería blanca de los niños difuntos, las fosas comunes de los nadies, las hileras monótonas de osarios y el ala Sur con sus muertos pobres en la que la tumba de *el Motas* siempre ostenta flores robadas de otras tumbas. Es el amo incondicional de los sepulcros que quedan por llenarse, del aire sereno que serpentea por corredores y galerías, de las luces de los cirios, de las convocatorias del campanario, y del olor del incienso que se confunde con el de los muertos nuevos, y del aroma de los perfumes de las señoras finas de los velorios y de las fragancias de las flores podridas...

Leonardo husmea el silencio de la nueva noche y con la cautela que nunca lo abandona se dirige al surtidor más cercano. Se dispone a regresar con las vasijas llenas de agua. Un ruido de pasos se detiene justo a sus espaldas. Paralizado por el terror, libera las vasijas y antes de voltearse para enfrentar lo que sea, la presencia extraña impone una voz rotunda. "Qué, ¿le doy una mano?" Aterrorizado por la identificación de la dicción conocida intenta no evidenciar el latigazo del pasado que se mete en su mente y lo cimbronéa. Enfrenta la cara de Don Tacho.

—Déjeme en paz... lárguese... aquí no tiene nada qué hacer.

—Vine a cobrar la deuda por los tres años que he perdido buscándolo —El hombre recorre con la mirada los sepulcros cercanos y se pasea de un lado a otro—. Esconderse en el cementerio, esa sí es una idea bacana...* —Se acerca a Leonardo, lo aferra por el cuello de la camisa y descarga sobre él esa perversa desfachatez que lo identifica—: tal vez podamos com-

* Palabra del argot de los indigentes que quiere decir buena o magnífica. [E.]

partirlo con la gallada, es un buen refugio contra la policía, y yo, como siempre, el que manda... porque mire, Leonardo, de mí nadie se burla, ¿recuerda a *el Motas*?

Leonardo lo mide con todo el odio guardado. Siente que la respiración agitada va a estallar en sus pulmones. La voz maloliente de Don Tacho, y el recuerdo del horror del que ya se creía a salvo lo envalentonan. De un golpe certero lo lanza al suelo y con una fuerza incontrolable, estrella su cabeza una y otra vez hasta dejarlo sin sentido contra el filo de "Antonia Urquijo de las Casas". Poseído de un odio incontrolable, lo mata una y otra vez, y lo sigue matando a nombre de *el Motas*. Don Tacho, desmadejado y bañado en sangre, es una masa deforme. Leonardo continúa golpeando lo que queda de su enemigo con el impulso nacido de un rencor viejo y amargo. Pretende exorcizar los miedos y vengar las infamias grabadas en su memoria.

Agotado por el arrebato de furia, Leonardo se percata de la muerte de Don Tacho. Lo contempla inmóvil en el charco de sangre y respira hondo. Recupera el ánimo ante el deplorable cadáver desvencijado y sucio. Decide no distraerse con pensamientos inútiles como el de imaginarse exhibiendo el cuerpo en la plaza central. Debe apresurar el fin de Don Tacho. Su trato con los muertos facilitará su labor. Medita sobre el lugar apropiado para enterrar el cuerpo. Recorre con pasos seguros la distancia que lo separa del mausoleo de la familia Arango Velásquez y verifica, como lo había descubierto en los primeros meses de su llegada al cementerio, que en el interior, la tumba de José María Arango Jiménez está vacía. El floreciente negocio de cadáveres duró hasta que él impuso su prohibición con trucos de fantasma barato. Arrastra hasta allí el cuerpo de Don Tacho, y procede a limpiar la sangre.

Ya sin huellas de lo ocurrido, recorre extenuado las galerías y pasillos que lo separan del ala Sur. De alguna tumba del camino, toma un ramo de flores y lo deposita sobre la sepultura de *el Motas* con la intención de brindarle la muerte del maldito. Regresó al ala Este, y durmió con sobresaltos. Despertó al día siguiente convencido de que había tenido una amarga pesadilla. Se incorporó y notó dolor en los brazos. Quiso desayunar, como siempre, con aguadepanela caliente. Se dirigió a la cámara dos y al comprobar el tanque de agua vacío, recordó que había matado a Don Tacho. Aliviado con una sensación de triunfo, prosiguió sus rutinas. Tendría que esperar hasta la noche para aprovisionar de nuevo el tanque.

Como todas las mañanas se dirigió a "Rosendo Gallego", pero no estaba para simulaciones. Miró hacia arriba y contempló los árboles. Supo que con Don Tacho moría también ese miedo tan viejo como él mismo y se sintió reconfortado por los jóvenes de la calle que ya no rendirían tributo a la tiranía y a la maldad de ese hombre. Se dirigió a la capilla. Movimientos de gentes uniformadas que iban y venían con un taconeo ensordecedor y sus voces de mando paralizaron a Leonardo. Esperó que lo apresaran. Alcanzó a imaginarse en una cárcel para asesinos como una venganza póstuma de la perversidad de Don Tacho. Observó con sorpresa a los agentes que pasaron de largo sin mirarlo, siguiendo las órdenes de uno que parecía dueño de la autoridad. Con cautela se dirigió a la capilla y despejó la incógnita. A las 12 se celebrarían los funerales solemnes de un general de la república. Tendría que estar alerta. Este, como el muerto del día anterior, le traería suerte. El negocio con Doña Temilda se vislumbraba más promisorio que de costumbre. No todos los muertos traían uniforme de general con soles, medallas y la bandera nacional.

Sonata en mí*

Y mi alma es esa luz que ya no habrá
en los candelabros...
FERNANDO PESSOA

I. ALLEGRETTO MODERATO

ARAMINTA SE ESTREMECE con los primeros acordes del violín y el asombro de regresar con ellos de un letargo profundo. No puede reprimir la emoción al reconocer las notas inconfundibles de la sonata de Cesar Franck. El líquido caliente resbala desde su fuente, fluye por los pliegues de sus piernas y se instala en sus nalgas. Sonríe para adentro. La sorprende este íntimo acontecimiento secreto. La sutileza de la frase musical se despliega vibrante, y violín y piano se enfrentan en un diálogo alegre, fresco. En Araminta, este efecto de intervalos irregulares e inesperados surte el hechizo reconocido. Su papá amaba la música, sobre todo, selectas composiciones para violín, y ésta, que palpita ahora en cada célula de su cerebro, todavía dormido, fue siempre su favorita. El milagro se interrumpió. La enfermera levantó las cobijas, palpó las sábanas, pulsó el timbre y apareció la otra mujer.

—Hay que cambiar el tendido. Se orinó otra vez.

Y comienza el ritual. Las dos practicantes empeñadas en abreviar la rutina utilizan toda la habilidad de la que son capaces, y casi sin moverla, ponen el juego de cama limpio y

* Publicado originalmente en *Cuentos sin antifaz*, Bogotá, Arango, 2001, pp. 47-65.

cambian su pañal. Sus voces resuenan lejanas, como un eco vaporoso en el que se impone la vitalidad de los ritmos, de las armonías.

—Ésta es la tercera vez —decía una.

—Y no son ni las doce del día. Debería morirse de una vez.

Y dijeron que era un cadáver al que sólo le funcionan los riñones. Y renegaron de la música, y quisieron apagarla. Les pareció aburrida. Y alcanzó a oír que el neurólogo la había ordenado como un plan terapéutico en un intento por generar estímulos con hondos significados para ella que pudieran motivar el despertar de su vida semivegetativa.

Araminta volvió a sonreír en su mente. La música invadió sus sentidos y nada de lo que ocurriera distinto a ese violín, a ese piano, podía perturbarla. Ya habían terminado de acomodarla y flotaban como espectros a ambos lados de la cama, revisaban el suero, y verificaban, muy cerca de la cabecera, los tubos del oxígeno y los otros aparatos que la mantenían viva en el paraíso de su sueño. Ella no podía verles sus caras, y tampoco le importaba. Anónimas e idénticas, entran y salen, la tocan, la miden, le abren un ojo, le oprimen la mano, y lo que menos le gusta, es ese pedazo de hielo que ponen en su seno para verificar los latidos del corazón. Juega a controlarlos a la espera de la reacción de las enfermeras cuando la crean muerta. Por mucho que se esfuerza no lo logra.

—A las tres y media hay que bajarla. Le van a hacer un *scanner* del cerebro.

Y el otro eco contestó que para qué más exámenes si esa mujer es una muerta que no reacciona, no siente, no piensa; y se atrevieron a decir que la ciencia debería hacerle la caridad y sacarla de una vez por todas del mundo de los vivos.

Araminta comienza a acostumbrarse a esos susurros: por ellos se entera de que no está simplemente dormida: descubre que se encuentra en coma. Las frases permanecen unos instantes resonando en su cabeza y luego las olvida. Ahora sólo importa ese diálogo entre los dos instrumentos que tantas veces intentó desentrañar en inolvidables veladas con su papá. Que se vayan las invasoras con sus perversos murmullos, que le dejen gozar de su limbo, de su muerte en vida con esa música que la penetró para iluminar su silencio, para meterse en su inmovilidad. Y el violín fluye, majestuoso, impone su autoridad, y entonces Araminta es violín, y domina, y al instante siguiente Araminta es piano y juega, y persigue al violín en las cadencias de sus armonías, y ríe y salta para alejarse del piano, y ahora, de nuevo violín, reitera su melodía con la que invita al piano a unírsele en ese paisaje musical que rebosa todas sus emociones... ¡Su propia Sonata! ¡Sonata en Yo mayor, en Mi sol interno, en un Sí vital! ¡Sonata en Mi lado cierto, en Mi doble sueño, en Mi faro encendido!

Si lo que quieren los engreídos monigotes de blanco es un pretexto para motivar su despertar del coma, ¡qué equivocados están! La composición de Franck mana con sus notas apacibles como un milagro referido a sus más queridos afectos y es la razón para defender ese ámbito tan suyo, tan distinto al que existe más allá de su piel, de la aguja del suero, de monitores, de voces, de ecos de corredores... Es ese territorio personal e íntimo, encantado por el bálsamo de los sonidos. En él se siente dueña de un estado nunca antes experimentado, sin día ni noche, sin tiempo, no al menos como se mide allá afuera, porque ella misma es el tiempo, su propio tiempo. Ahí está la esencia, la clave de su existencia, y se siente seducida por la idea de no regresar jamás. Desde que Franck desgarró su silencio, sólo sucede la sonata, y las entrañables resonancias repetidas en un presente eterno. Logra desplazar los ruidos de las rutinas hospitalarias profanadoras de la música, e intenta acompasar el ritmo del respirador artificial con el ritmo de la frase soñada que tantas veces tarareó su papá. Ahora se diversifica en la variación de sus melodías. ¡Allegretto en su pulso, Moderato en los latidos de su corazón dormido!

Araminta gravita en una semiinconsciencia feliz. No hay límites, sin nadie más que ella y sus memorias, un universo interior, secreto. En él se desgranan emparejados con la sonata imágenes que alguna vez fueron recuerdos. Y a medida que van llenando la pantalla de su vida, las selecciona, las clasifica por colores, por sabores, por impresiones; hay unas más bonitas que otras, algunas tienen nombres que le hablan en susurros, otras evocan fragancias amadas, temidas o deseadas, con las que puede viajar en su mente sin descanso, ir de los aromas del rosal de su niñez, al olor del yodo ardiente en su rodilla infantil; del perfume amable de su mamá, a las emanaciones del sexo. Contempla su vida, la reinventa, mueve la ficha de un recuerdo gris para trastocarlo por un deseo nunca satisfecho. Violín y piano serpentean melancólicos, con una textura colmada de emoción, con sus notas urgentes, ansiosas, dando paso a un sonido apacible. Araminta, suspendida en el tejido de armonías y tonalidades, observa la fragmentación del caleidoscopio de su vida.

II. ALLEGRO

El piano irrumpe sombrío, y el violín lo acosa intensificando tonos. El contrapunto de los instrumentos fluye en el pulso de Araminta. Araminta-niña se ve al lado de una abuela que entona cantos sobre iguanas que toman café a la hora del té; al instante siguiente Araminta–mujer se abraza a cualquier bolero en el que *Únicamente tú* nunca llegó a ser Octavio Jiménez, su esposo gris y desteñido. Una melodía cálida, enamorada de sus acordes le trae la locura por Miguel Orellana, la pasión multicolor de sus años universitarios que se quedó anidando en su piel y en sus deseos desde las tardes de besos desaforados.

Y en ese universo de recuerdos, la sutileza de la música le da una razón de ser a ese estado en el que se siente viva en esa muerte. La suave cadencia de las tonalidades, esa rivalidad de los instrumentos por imponerse operan en Araminta un encantamiento, una emoción pareja al encuentro feliz, iluminado de notas y sonidos. Se deja conducir por ellos para dar unidad a su antojo a todas esas fracciones de lo que ha sido su historia vital. Le son indiferentes las voces engreídas de los médicos que la examinan para constatar qué tan muerta está. Son incapaces de ver la vida hecha música que habita en su mente. Ritornellos, adornos y cantinelas invaden todo su ser. Ecos de voces que hablan de ella irrumpen en su sonata. Marido-gris-desteñido pregunta a sabihondo-blanco-arrogante:

—¿Se va a recuperar, doctor?

—Araminta ha sufrido daños cerebrales posiblemente irreversibles. La ciencia tiene incertidumbres y en el caso de ella es difícil establecer la diferencia entre el estado vegetativo y el grado de muerte cerebral. Sabemos que su cerebro sufre un estado patológico con inhibición del sistema nervioso, pero no podemos medir con precisión qué tan profunda es su pérdida de conciencia. Es posible que experimente dolor o alguna otra sensación, quizás una que otra percepción... ciertos signos me dan a entender que tiene algún grado de isquemia pero no me atrevería a diagnosticar que sea global.

Araminta se burla del lenguaje de payaso del eminente médico que el otro payaso, su marido, tuvo a bien asignarle. Decide ponerse en la primera fila del circo y deja que el Allegro de su sonata la acompañe en el fondo mientras atiende con curiosidad la exactitud de los datos de sus signos vitales, la cuenta precisa de los treinta y cinco días de su estado de coma, y la sentencia: "pronóstico reservado". Sacan conclusiones de lo que pueden comprobar. Son indiferentes al sí vital que ondea en el pentagrama de su concierto. Siente su cuerpo como un bulto anclado en la cama. Sabe que está pegada a algo, a una masa que pierde y retoma consistencia por lapsos indeterminados. Ellos ignoran que puede oír, recordar, imaginar. Se asombra al descubrir una precaria habilidad: con un esfuerzo endeble pero obediente, logra mover su brazo derecho. Se cuida de mantenerlo en secreto, para que la dejen tocarse, recorrerse, sentirse, anidar su mano entre sus piernas y pensar en Miguel Orellana. Quisiera gritarles a esos seres desabridos que se retiren y respeten el murmullo de su sonata que resuena en su mente esplendorosa y certera. Me importa un comino si tengo dilatada la pupila, si el pulso está lento, si la temperatura se mantiene, si el ritmo de la respiración es constante, si elimina adecuadamente las toxinas, si hoy defecó, si la orina huele a amoniaco, si la piel está seca...

Las voces insípidas se apagan y la música reina de nuevo. Araminta rige sus dominios íntimos, con su *tempo* intenso y personal. Se deja llevar por el poder de seducción del contrapunto de ritmos y compases, a la vez estricto, libre, denso y aéreo. La emoción la invita a deshojar sus almas múltiples, a enfrentarlas a su antojo, para trastocarles la lógica de sus tiempos, y remendarles las miserias que fueron quedando regadas allá afuera, en el mundo ajeno. Araminta unida íntimamente a la maestría de Franck, se ve a sí misma con la sonrisa iluminada por las velas de la torta de los cinco años. Un instante después, aturdida por la alharaca de los payasos y la explosión de los globos de colores, se refugia en los brazos de papá. Entonces pone tres velas más y ahora viste de Primera

Comunión. Fotos para el álbum, azucena marchita, larga fila de niñas inmaculadas, ceremonias e inciensos para salvaguardar la fe. No entiende de espíritus santos ni de dioses crucificados. "Tienes que sonreír con medida, mostrar el alma en íntima comunicación con Dios", insiste su mamá evaporada en el amable perfume...

Las modulaciones y contrastes del diálogo entre el piano y el violín se tiñen de una suave melodía y la rescatan del recuerdo de su iniciación a un culto al que nunca le pudo ver sentido. Creer y basta, y no preguntes más. Entonces Araminta, ante las velas de su cumpleaños número trece, recibe sus primeras sangres como quien penetra en territorios de desprendimientos y nuevos aprendizajes. El lazo con su papá brilla como un "collage" de instantes entrañables que él dedicó para inducirla en el conocimiento y la apreciación de la música. La melodía que resuena en una de esas imágenes coincide con las notas vehementes y persuasivas que inundan su habitación. Los ecos de la voz paterna le hablan del hechizo que en Marcel Proust produjo ésta, la sonata en La mayor, la que muchas veces en madrugadas parisinas hizo tocar en su residencia una y otra vez al cuarteto Poulet. Araminta se conmovía cuando su papá dejaba de desmenuzar cada nota, de analizar cada sonido de la composición, y leía emocionado pasajes literarios en los que fluye la frase de la sonata que recobra tiempos perdidos. Piano y violín melodiosos y emparejados persisten en su fiesta de arpegios y matices. Araminta se lleva lentamente la mano amiga al pecho para sentir el latido de la evocación paterna, en el que también se transmite la admiración de su papá por el excéntrico escritor. Se roza los senos dormidos, y se ve a sí misma, en su cumpleaños catorce; el espejo le revela un cuerpo distinto en su alma todavía de niña que empieza a sentir el miedo de ser mujer. Entonces retrocede a una edad infantil y quiere volver a los ocho años, elevar cometas, tocar la flauta, mutilar el pelo a la *Barbie* y odiarla por ser tan tiesa, y enterrarla en una caja de lata; pero ¡qué remedio!: la torta de los quince años llega con anillo de perla y la colección completa de las *Spice Girls.*

III. RECITATIVO. FANTASÍA.
MODERATO MOLTO LENTO

Los acordes se desplazan nítidos, sabios. Es una especie de divertimento, un contraste entre solemnidad y alegría que genera en Araminta una impresión renovada. Odia a los fantasmas hospitalarios y esperpentos grises-desteñidos que amenazan violar ese instante de amadas resonancias. El violín virtuoso insiste en la melodía original una y otra vez con espléndidas variaciones. Y Araminta se mezcla en los compases, palpita en los registros y siente el milagro de la analogía de la música con su existencia. Quiere enfrentar en él a todas las mujeres que han mudado en ella. Y se piensa a los diez y siete años. Primer beso: el horror del deseo, el deseo del horror, el nombre de Miguel Orellana invadiéndola toda, con pasión, sin compasión, a merced de ese impulso sorprendente, maravilloso, incierto. El deleite de la virginidad a flor de él.

Irrumpen las intrusas: chequean los monitores, verifican los tubos, la tocan, la peinan, engrasan sus labios, le aplican perfume. Araminta las deja hacer lo que quieran con sus voces lejanas que no logran opacar las vibraciones de la música, sus suaves modulaciones, la fuerza de su ritmo. Hablan de una visita importante. La imagen exterior que tiene de sí misma es la de una ballena encallada, inmóvil, muda, y sabe que no es un espectáculo grato a los ojos de nadie.

Araminta intenta rescatar el recuerdo de su última apariencia en el espejo de su memoria. Surge desvanecido, el semblante materno al que siempre creyó parecerse. Quiso imaginarse en unos ojos, en una piel, en una manera de peinarse, en un movimiento de manos, en un gesto que la identificara con la persona que había sido antes de su estado actual. Una imagen fugaz de mujer joven, atractiva, plena de vitalidad femenina, sonrió desde el otro lado del recuerdo. Deseó saber su edad, cómo transcurría su vida y de qué manera lograba salir airosa de dolores y felicidades efímeras. Hasta ahora no ha sentido curiosidad por conocer la razón de su estado actual y prefiere ignorarla. No quiere perder uno solo de los dulces sonidos de la composición de Franck. Se entrega a los contrastes magistrales en los que se desarrolla intenso y definido el tercer movimiento de la sonata.

Y así, intenso y definido se impone Miguel Orellana con la cantinela del piano que repite su risa y las notas del violín que se deslizan en su cuerpo como sus caricias. Y está el dolor de la separación y la promesa del regreso tras dos años de estudios extranjeros. El recuerdo se siente como una puñalada en su corazón precario. Los veinte años llegan a su mente con la evocación del día que conoció a Octavio Jiménez, impresionante con su nombre de emperador y su apellido de dictador: buena estampa, decente, prometedor. Parecía tan adecuado a su destino social que el trámite matrimonial sólo tomó seis meses. El desencanto llegó añadido a la sosería de su marido y a sus rutinas de celos por el fantasma de Miguel Orellana. El aburrimiento sexual y las frustraciones hicieron de su marido un emperador gris-desteñido. Recibió refugio y aliento en la ternura de su papá; lo evoca tomando su mano y llenándola de caricias como cuando era una niña. Y el recuerdo de esa ternura se funde con el contacto de una mano que la estremece.

—Araminta, ¿puedes oírme? —Reconoce la voz de Irene, su

hermana de quien sólo hasta ahora percibe su existencia. Siente un impulso de reanimarse, de gritar desde ese túnel oscuro que está viva, que siente emociones, que el eco de su voz la conmueve, que la música ha despertado hondas resonancias. Pero la voz no obedece, su mano cómplice está muy lejos para responder la caricia fraterna. Quisiera abrazarla y estrenar la sensación de haberla recobrado en la historia de sus afectos. Ahora recuerda su mirada, su sonrisa, su camaradería. A pesar del cariño que despierta, continúa obstinada en quedarse sumida y feliz en esa muerte plácida. El tono de voz de Irene delata su actitud en guardia con su marido.

—¿Qué dicen los médicos?

—Hay incertidumbres. El estado de coma es un misterio para la medicina. Se presume que el accidente produjo en Araminta un coma semivegetativo —Responde la voz gris-desabrida de Octavio.

—Parece muerta. Y tú no disimulas tu zozobra....

—No estoy para sarcasmos... me voy.

Araminta experimenta curiosidad por la razón del enfrentamiento entre su hermana y su marido. Las palabras afectuosas de Irene se acompasan con la música y surten un efecto tranquilizador. Al oído, y acariciándole la frente, susurra:

—Esto no se va a quedar así, te lo juro por la memoria de papá y mamá.

Araminta se conmueve pero decide no pensar. La sonata prevalece sobre las inquietudes sembradas por Irene. Y la serenidad vuelve a tomar forma en esa fraterna y amorosa rivalidad entre los dos instrumentos para apropiarse de la melodía y unirse en un acompasado ritual de escalas.

IV. ALLEGRETTO POCO MOSSO

A medida que el violín inicia sus notas precisas, Araminta es presa de un cataclismo: como una feroz exaltación se levanta con la saña de un viento devastador, el sentimiento de que la música y la muerte se parecen en sus enigmas y certezas. Descubre que su fascinación por el mundo multiforme de sonidos y sugerencias de su sonata la convida a esa otra fascinación por la muerte. Música y muerte significan refugio, trinchera contra la desdicha. Allá afuera, más allá del aparatoso sistema de supervivencia, lejos de su mano amiga, habita una maraña densa, árida, entumecida, de la que ella ya no quiere hacer parte. El piano deja su timidez para imponer su autoridad. Araminta percibe la vitalidad y presencia de la música mientras recupera, nota a nota, la memoria de los instantes anteriores al accidente. Un dolor profundo se enquista en su corazón cuando piensa en Miguel Orellana. Quiere gritar, arrancar los tubos, respirar sin la ayuda de la máquina... La melodía de la sonata se agita como ella y regula su aire. Rechinan los goznes de la puerta. Las voces de Octavio y del médico se sitúan a lado y lado de su cama.

—Quisiera conocer su opinión sobre la muerte digna, Araminta no se merece esta clase de vida... o esta forma de muerte...

—Si se refiere a la eutanasia, es un método cuestionable. En cualquier caso, es una decisión difícil de tomar. El plan terapéutico está diseñado pensando en que si se recupera, y en el caso de ella es posible, debe estar en las mejores condiciones.

Araminta aprieta con fuerza el puño de su mano complaciente. La maraña de afuera parece adquirir significado. Ahora entiende las razones para desear entrar en definitiva a los territorios de la muerte a cuyo umbral arribó treinta y cinco días atrás. Con el telón de fondo de la querida composición de Franck atiende la conversación:

—¿Vale la pena? Nos ahorraríamos costos e incertidumbres.

—¿Acaso me sugiere que....? Mi deber es mantenerla viva hasta el último instante. Le advierto que si se desconecta el respirador, ella morirá de inmediato. No asumo responsabilidades y si algo le sucediera...

—¿Que insinúa, doctor?

—No insinúo. Digo la verdad. Ella ingresó al hospital con un trauma craneoencefálico producido por un golpe aún inexplicable... hay una investigación de la fiscalía...

Araminta se contiene. Irene, que ha escuchado desde la puerta, interrumpe acusando sin ambages a su marido:

—Aquí sólo hay un interesado en desconectarla. Si mi hermana muere, usted será condenado.

—No morirá —el emperador destronado se oye asustado—. Se han visto casos de personas que pueden pasar años en coma... no pueden probarme nada.

El silencio de las tres voces contrasta con la vehemencia de la música que enfrenta a Araminta con aquel martes de agosto. La monotonía que preveía para ese día de su cumpleaños, el número veinticuatro, se rompió temprano en la mañana. El teléfono la sacó del rutinario desayuno con Octavio. Miguel Orellana había llegado de Kansas dos días atrás. Quería verla. No pudo ocultar la felicidad que arrolló brutalmente su postura habitual de esposa aburrida. Se esmeró en el ritual de su arreglo personal, y después de sortear los consabidos celos de su marido, salió al encuentro del amor de su aire, de sus sueños, de su carne. Vibró con la ilusión de que él hubiera regresado para llevársela a vivir el amor como se lo habían prometido dos años atrás y estaba dispuesta a conjurar el destino social de su matrimonio con el emperador venido a menos.

Ver a Miguel ocasionó una catástrofe en todos sus sentidos, un incendio en el centro de su pecho, que se fue apagando a medida que él describía sus años ausentes: fotos en colores una tras otra: ésta, de la boda con ocho damas de honor, las mejores amigas de Marjorie; aquí tienes a Marjorie, embarazada de Michael en "South Beach"; estos son mis suegros, par de viejos simpáticos; y mira, la foto de nuestra casa, queda en un *town house* de película; y este "divino exponente" es nuestro bebé, Michael, ¿ya te dije el nombre? Se parece a Marjorie... vamos a tener tres...

Asimiló la derrota con rabia, con odio que se extendió más allá de sus fuerzas en la discusión con que Octavio la enfrentó. Había seguido sus pasos. La había visto muy encopetada en *La viuda alegre* con el imbécil maricón de Miguel Orellana. ¿Es que creía ella que podía andar en bares con sus novios idiotas? El recuerdo del repertorio de insultos llenos de odio se fundió con las palabras con que ahora él interrumpía su estado de muerta en vida hechizada con la música. Muy cerca de su cara, percibió el vapor de su agua de colonia y el aliento impregnado de whisky:

—No puedes morirte, Araminta... si lo haces me van a culpar. Prefiero verte así, como un vegetal al que Miguel Orellana no tiene derecho...

Entonces Araminta evoca el minuto preciso en el que treinta y cinco días atrás, Octavio, fuera de sí, la empujó con brutalidad y cayó al suelo. Vino la sombra, el limbo, el silencio hasta que empezó a suceder la sonata... Araminta lo odia. No se perdona el haber permitido que malograra su vida. En este instante el vigor de los acordes significa todo por encima del insípido marido. Él pertenece al mundo de allá, donde están más muertos que ella, un territorio de emociones vedadas para ella. El desierto donde sólo florece la desdicha sin Miguel Orellana. El Miguel Orellana de Marjorie. Lo definitivo, la esencia de la verdad anida en el cúmulo de percepciones nacidas de la composición de Franck.

Está aturdida con la evocación de la brutalidad, con el contraste entre los pasos intranquilos de su marido en la habitación, y la sonata que fluye certera hacia la coda final; entre el eco de las palabras del médico: "Si se desconecta el respirador, ella morirá de inmediato..." y las de Irene: " Aquí sólo hay un interesado en desconectarla. Si mi hermana muere, usted será condenado".

La frase mágica, embrujadora, se precipita. Araminta, fundida en la impresión vital de su sonata, experimenta una serenidad que le permite vislumbrar la dulce manifestación de su venganza personal. Siente el arrebato certero de las últimas notas, la coda sublime en la que piano y violín se enlazan en un dúo magistral para alcanzar la conclusión. Araminta mide los compases que faltan para el final, calcula su ímpetu, estira y encoge el brazo derecho, y abre y cierra la mano con firmeza. Entreabre con dificultad los ojos, ubica la anodina y gris figura masculina en la ventana, y con el incentivo de quedarse suspendida en el último acorde de la sonata, se mete en la coda, en las últimas notas de su propia coda. Araminta aspira el aire postrero, y con un movimiento sereno y calculado, desliza su mano hacia la cabecera y arranca el tubo de la fuente de oxígeno.

Ni quedan huellas en el agua*

> *... repentina la muerte canta*
> *en los grifos del agua.*
> VLADIMIR NABOKOV, *Habla, memoria*

> *... imagino el paraíso, como un lugar en donde*
> *un vecino insomne lee un libro*
> *inacabable a la luz de una vela eterna.*
> JOSÉ MANUEL ARANGO, *Augurios*

EL HERVIDERO DE GENTE al frente de *La urna de cristal* es una novedad a esa hora tan temprana. Unas personas se mueven de un lado a otro sin dejar de señalar la vitrina, y un grupo de señoras recién salidas de la misa de seis clama al cielo. Nos da una mala corazonada. A medida que nos acercamos a la librería quedamos estremecidos. La imagen ante nuestros ojos se nos impone como una sofisticada y truculenta forma de ficción; su lógica es una insolencia a la realidad. Guardamos silencio intentando armar en nuestras mentes cualquier razón convincente que nos ayude a comprender la escena de la vidriera. Decidimos esperar. Ahora entendemos que nunca más cumpliremos la acostumbrada cita con la cálida atmósfera de la librería. No nos cansamos de mirar con dolor, con un poco de morbo, la patética imagen sin sentido. Contrariados, murmuramos frases al azar con la esperanza de encontrar una explicación.

Los guardias acordonan el sector y nos alejan varios metros. Desde allí, y visto en conjunto, el cuadro adquiere un aspecto esperpéntico. El rudo enigma nos enfrenta a una no-

* Publicado originalmente en *Número,* edición 36, Bogotá, abril-mayo, 2003, pp. 76-80. Verso tomado de *Es la hora* del poeta argentino Daniel Samoilovich.

ción escurridiza de lo verosímil. Cada uno musita el último recuerdo de Romelia sin apartar la vista del edificio. Y pensamos, con nostalgia, que la fina estantería de caoba y los libros que habitaron en ella ya olvidaron las minucias de un día ordinario de la amable dueña en *La urna de cristal*. Suponemos que se levantó temprano, escogió sin pensarlo dos veces ese sencillo vestido estampado con flores azules ondulantes, y realizó los rituales cotidianos del arreglo del segundo piso de la librería, que ella, con esmero solitario, había adaptado para su vivienda. Tal vez volvió a renegar por el obstinado toc-toc de la gotera que durante la última semana perturbó sus rutinas, y quizá olvidó depositar en la nevera las verduras. Esto tendremos que imaginarlo, como muchos de los asuntos que se referían a ella y a veces se nos quedaban sin desentrañar. Sólo sabemos que Romelia evitaba salir, y cuando se veía precisada a realizar alguna diligencia imprescindible, se notaba que para ella el mundo fuera de la librería había dejado de ser cómodo y seguro.

Nos plantamos mirando el enorme e insólito ventanal mientras un guardia toma las primeras declaraciones. Le contamos que sí, que éramos asiduos visitantes del establecimiento desde hace años; que no, que no le conocíamos parientes cercanos; que sí, que ella era la única propietaria del local; que no, que no creíamos que ella tuviera problemas; que sí, que los últimos días se había quejado por la nimiedad de una gotera; que no hay duda, que ayer la vimos saludable sin ninguna señal de depresión o algo parecido; que no, que no entendíamos cómo se habían conjugado las extrañas circunstancias del espejismo que teníamos delante de nuestros ojos; que sí, que estábamos dispuestos a dar declaraciones formales.

Y seguimos alucinados, clavados los ojos ante la dramática extravagancia a la que no terminábamos de buscarle una explicación. Lo único que podíamos hacer era especular. La vitrina de *La urna de cristal* es, o lo fue hasta hoy, una de las más llamativas de la Avenida Jiménez del centro de la capital.* El local de dos pisos ocupa la esquina más estratégica en la que confluyen varias calles, y su diseño redondeado semeja una maravillosa burbuja de vidrio que rompe con las líneas de la arquitectura tradicional del sector. Otros establecimientos, con sus nombres convencionales, parecen supertiendas de cuanta basura editorial inunda el mercado. Romelia se había dado el lujo de conformar una de las más reconocidas librerías de viejo, en donde sólo tuvieran cabida los tesoros literarios. Ella misma nos explicó las razones de su exclusiva selección, en uno de esos días, años atrás, cuando apenas comenzábamos a frecuentarla. Nos sorprendió, con su voz suave y pausada: "La literatura es una fiel confidente que nos invita a dialogar con lo más vital de nuestra esencia. Todos los universos poéticos que conviven en mis estanterías nos proponen un pacto que para mí es ajeno a un vulgar negocio. A ustedes, jóvenes, no me cansaré de pedirles que lean estos libros con el alma, con lo más auténtico de sus emociones... que otros vendan los libros que esconden mentiras entre sus lomos impunes; a mí sólo me interesan aquellos escritos con la devoción por la palabra, la sabiduría del asombro, la complejidad del misterio..." El vigor de su sensibilidad nos contagió sin remedio.

Algunas veces observábamos a Romelia en la tarea amorosa de organizar la estantería que daba a la calle; ella misma, con entusiasmo, armaba un mosaico de libros usados. Entonces levantaba los ojos y nos miraba, sonreía, y volvía a lo suyo. No era indiferente a la avidez con la que nos extasiábamos ante las llamativas carátulas cuyas huellas ajadas nos atraían por

* Se refiere al nombre de una de las calles más conocidas de Bogotá. [E.]

el placer de descubrir a algún gran escritor. Además, leíamos aquellos libros con el deleite de encontrar la reserva de emociones en las líneas subrayadas, en las anotaciones, en los signos de admiración en un párrafo admirable, en la mancha de nicotina o en la chispa de café de los lectores que nos precedieron. Aquí hay que decir que, como no podíamos comprar los libros, Romelia nos permitió, hasta ayer mismo, utilizar su establecimiento como una gran biblioteca personal.

No éramos muchos pero sí un grupo más o menos perseverante. Metidos en aquella enorme pecera proustiana, nos movíamos a nuestras anchas apropiándonos de la atmósfera creada con tanto afecto por Romelia. Y el ajetreo anárquico, ruidoso e impersonal de la Avenida Jiménez bullía ajeno a nuestro mundo resguardado por la enorme muralla de vidrio. Personajes huraños, lectores silenciosos, escritores jóvenes, veteranos autores que alguna vez tuvieron su cuarto de hora y luego fueron ignorados, nos dimos cita casi a diario. Pululábamos en las estanterías pero seguíamos unas reglas nunca expresadas; nos movíamos con pausa y practicábamos el silencio con la pretensión de igualarnos a los hábitos de Romelia; al fin y al cabo, a ella debíamos el que miles de libros manoseados nos repitieran los placeres de sus desventurados dueños que se vieron obligados a venderlos. Bastaba una inclinación de cabeza, algún monosílabo, un gesto con la mano para reconocernos como miembros de la misma cofradía. Ahora, la contundente visión nos dejaba huérfanos de Romelia y de sus libros, de ese universo con su ritmo propio, con su olor a caoba, a papeles viejos y al aroma de café y a los rayos de luz peleándose los resquicios entre las estanterías. Los afanes de esa ciudad caótica seguirían hirviendo a lo largo de la Jiménez. Ya no podríamos sustraernos a ellos en el interior de nuestra esfera de cristal.

Urbano Escamilla se detiene, incrédulo, frente a la vitrina;

nos hacemos a un lado, cediéndole el derecho al desconcierto mayor. Y seguimos en ese antojo perverso de las suposiciones, si pasó así, o asá. Las conjeturas resbalan sin propiciar una luz sobre lo que pudo haber ocurrido. Nos miramos como una partida de inútiles para actuar; nos estorba la tristeza y disimulamos el vacío que crece en nuestros corazones ante ese gesto de sirena muerta que nos acecha sin piedad. Los lentos procedimientos de las autoridades nos sacan de quicio mientras Urbano permanece sin habla, con la mirada clavada en la tragedia. Él hacía parte de esos raros especímenes que frecuentábamos la librería, pero su presencia, siempre discreta, nos suscitaba curiosidad. A Urbano le calculábamos una edad cercana a los 60 años; su oficio de encuadernador nos daba razones de sus asiduas apariciones, pero había un destello en su mirada que nos hacía maliciar. La pulcritud en su vestir y el discreto aroma de *Agua de Farina* que dejaba a su paso acrecentaban las dudas; no compaginaba con una persona que trajinaba con prensas, papeles amarillentos, polvo y pegantes.

Romelia compraba en los archivos muertos de las editoriales los originales desechados como resmas de papel. Uno de los oficios más devotos de Romelia era el de dedicarse a leer esos originales, que según sus palabras "provienen de escritores miserables que se han pasado los años acariciando ideas, tejiendo argumentos, personajes, situaciones... obras llenas de dolor y soledad en las cuales ha de haber obras maestras, probablemente sublimes". Algunos estaban escritos en impecables copias de computadora, otras en desteñidas hojas mecanografiadas, y una que otra en caligrafía pulida. Sabía que su labor de conservarlos no tenía otra pretensión que rescatarlos del olvido, y sentía que de alguna manera enmendaba ese consabido síndrome del irrespeto y la evasión del que suelen ser víctimas los escritores por parte de los editores.

Ella leía dos o tres textos por semana, y los viernes, que era uno de los días fijos en que aparecía Urbano, se los entregaba para encuadernarlos. Lo veíamos entrar, al final de la tarde. Nos saludaba dejando notar los lomos encuadernados durante la semana, como justificando su presencia; se dirigía al pequeño despacho de Romelia, y nosotros fingíamos no prestarles atención, porque sospechábamos que entre ellos había algo más. Los más jóvenes del grupo especulábamos sobre las posibles relaciones entre Romelia y Urbano. Hacíamos bromas; yo decía que parecían un par de espectros de los años cincuenta, con un encantador destello insondable; hasta llegué a pensar en escribir un cuento sobre ellos.

A ella, siempre callada, con la mirada tajante y dueña de serenas esencias, la creíamos al margen de las pasiones. Admirábamos ese cosmos personal en el que se movía con talento para apartarse de los caminos trillados para las mujeres. Nos encantaba la manera de concebir una vida enclaustrada y de aferrarse a su mundo de dos pisos. No atinábamos a precisar sus años; debía tener más de 50 porque se le notaba que se ponía tintura en el pelo, pero iba y venía con tal fluidez entre las galerías de libros, que bien podía tener menos de 40. Nos costaba trabajo imaginarla desnuda entre las piernas de Urbano, y a él, aplicar sus talentos artesanales en los lances amorosos. Nunca tuvimos la certeza de una querencia, a pesar de que muchos viernes, bien entrada la noche, cuando salíamos de la función nocturna de la Cinemateca descubríamos la tenue luz en el cuarto de Romelia, justo encima de la enorme vitrina de la librería. Eso no nos habría llamado la atención en una consagrada lectora. Lo que sí nos sorprendía a esas horas, era ver a Urbano cruzando el umbral de *La urna de cristal.* Se ajustaba la bufanda y aceleraba el paso.

"¿Cómo pudo suceder esta desgracia, un hecho tan aterrador?" Nos pregunta Urbano sin esperar respuesta, sin dejar de mirar, sin atinar a comprender la brutalidad de lo inverosímil. "Estaba atormentada con la insignificancia de la gotera. La encontré poniendo toallas en las filtraciones que comenzaban a invadir la pared. Desconfiaba de las tuberías y de la antigüedad del edificio. Para tranquilizarla, yo mismo traje al plomero y supervisé el arreglo de la gotera, comimos bizcochos, tomamos café, me entregó dos manuscritos y me dijo que quería leer hasta tarde. No entiendo. Hacia las nueve de la noche la dejé sin problemas."

La gente continúa aglomerándose ante la insólita escena. Algunas mujeres cubren los ojos de sus hijos, se dan la bendición y siguen su camino. Cuando llegan los primeros periodistas con la unidad móvil de televisión, los policías se alertan y los alejan. Pero ellos montan sus cámaras a una distancia en la que abarcan el sustancioso panorama de la aglomeración ante el ventanal fatídico; su redondez acentúa la perversidad de la escena. Nosotros intercambiamos silencios ansiosos de espantar a la gente, de convertirnos en los únicos vigilantes de esa urna de vidrio. Que termine pronto la pesadilla. Cada vez se arremolinan más curiosos. Los más impertinentes se atreven con descabelladas versiones. ¿Por qué no se la llevan de una vez por todas y se inician sin más demoras las investigaciones para que se nos quite la zozobra?

Nos agobia formar parte de esos espectadores vergonzantes; sin embargo, no apartamos la vista, como un acto necesario, inaplazable para empezar a vivir sin ella, con el recuerdo brutal de esa imagen funesta de la que no acabamos de asombrarnos. No quería pensar en mis próximos días; cómo iba a romper en adelante con la costumbre de esa atmósfera acogedora, de la penumbra amable de la librería de Romelia, y dónde diablos iba a tener a mi alcance tantos y tan maravillosos libros.

Nadie como ella podía acompañar los silencios, los asombros solitarios, los pactos con nuestras soledades y esas conmociones que nos cambiaron para siempre. Nuestra Romelia no abriría las puertas de *La urna de cristal,* ni volveríamos a ver reflejadas nuestras caras curiosas en las viejas carátulas de la vidriera.

La ambulancia se parquea bloqueando el campo visual del centro del local. Los paramédicos discuten su asombro con el policía y no saben qué hacer. Doña Juliana, la portera del edificio, se lamenta: "Esto es una pesadilla. Diez y siete años hace que la señorita Romelia maneja la librería después de la muerte de su papá..., era tan cordial... ayer mismo me llamó para enseñarme la filtración de agua, y me pidió, como a menudo lo hacía, que pasara a la farmacia por sus medicinas... Al final de la tarde le traje las verduras del mercado, le ofrecí guardarlas en la nevera, pero a ella no le gustaba que nadie se metiera en su cocina, así era ella..." En contrapunto, la atractiva presentadora de noticias, pegada a un micrófono, escarba la vida de Romelia para improvisar su primicia: "señoras y señores, nunca antes se ha visto en vivo y en directo un caso similar. Las autoridades intentan dar una explicación antes de que las evidencias sean removidas del lugar de los hechos. La famosa librería perteneciente a libreros tradicionales de la capital, desde hace más de ochenta años..."

Cuando apareció el cura y empezó a recitar retahílas y a mandar bendiciones y agua bendita sobre el edificio, retiramos a Urbano hacia un lado, justo donde está la entrada. Un operario confundido ausculta los ángulos de la puerta de la librería. Algún experto le explica que a comienzos de los años 70 el río San Francisco se desbordó e inundó los locales de la Jiménez, con dramáticas consecuencias. Desde entonces, se tomaron las medidas para sellarlos, a prueba de agua, con este tipo de cerramientos. Y señala el tabique que aísla la entrada y que aparentemente nunca sirvió para proteger la librería de inundaciones porque el río San Francisco no volvió a crecerse. "Y pensar que Romelia condenaba todos los días ese tabique porque le obligaba a un esfuerzo mayor a la hora de barrer... y vean ustedes, por culpa de esa insignificante barrera..." Sus palabras se pierden con la sirena de los bomberos. El aparatoso carro se parquea detrás de la ambulancia.

Los policías, los paramédicos y los bomberos hacen sus cálculos, improvisan un plan de acción, consultan una estrategia, se contradicen. Un funcionario de la alcaldía toma el mando. Se planta, incrédulo, ante el horror de la vitrina. Con la cabeza a dos manos observa a un lado los noticieros de televisión y al otro los reporteros radiales; el cura insiste en sus rezos; la multitud se extiende a lo largo de las calles aledañas; las ventanas de los edificios vecinos están abarrotadas de curiosos. Se dirige a los confundidos policías:

—¡Partida de ineptos! ¡Esto es un irrespeto! ¿Cuánto tiempo ha pasado desde que llegaron ustedes?

—Unos ocho minutos, señor —dijo el guardia que hasta ahora había tomado la vocería—. Debió haber sucedido durante la noche.

—¡Ustedes! —y señaló a los bomberos— Cubran este ventanal, a ver si se termina este espectáculo de circo.

—No hay manera de entrar. La puerta quedó bloqueada desde adentro. Esos tabiques fueron construidos para sellar herméticamente los locales.

—¡A otro con esa verborrea de ingeniero barato! ¡A trabajar! ¡Abran un boquete, entren!

Supimos que ya debíamos retirarnos. Nos llevamos a Urbano. Se detuvo un momento y en un intento por tranquilizar su conciencia: "Si me hubiera quedado con ella... mírenla, no muestra signos de dolor, tal vez le falló el corazón, ni siquiera tuvo alientos para guardar las verduras..." Y le dimos un último vistazo a la imagen imborrable de lo que nunca más sería *La urna de cristal*. En una apremiante necesidad de entender, procuramos reconstruir los últimos instantes de Romelia queriendo desesperadamente creer, como Urbano, que fue el corazón el que se le cansó.

La imaginamos dueña de su penumbra, acomodada en esa mullida silla de su pequeño despacho con alguno de sus libros entrañables entre las manos. Adivinamos que el plomero falló en su eficacia, y la gota de agua, apenas imperceptible y distanciada en su frecuencia de la siguiente, insiste en invadir el silencio de Romelia con su persistente toc-toc como un eco en esa cita ineludible concertada con aquellas lecturas perdurables que iluminaron su vida. El tiempo no importa; se parece al toc-toc del viejo reloj de pared que la observa desde el fondo; o al toc-toc del trote parejo del caballo que avanza de página en página; o al toc-toc de su sangre latiendo en las venas; o al toc-toc de esa picada sutil en el costado izquierdo y que se extiende con su ritmo demoledor. Su brazo se paraliza, y ella sigue leyendo, y el toc-toc de la gota se vuelve obsesivo, se une al toc-toc de las voces del libro con el toc-toc de su corazón que parece estallar. Imaginamos que en ese momento Romelia se pregunta si recordó haber tomado su medicina para los quebrantos del corazón, y quizá no le importa la respuesta. Tal vez se censura por no haber guardado las verduras. Ahora lucha contra la modorra, y la apremiante necesidad de continuar el diálogo con los personajes de su lectura, confidente y vital en su sabiduría. Quizá, Romelia comprende que esa dulce somnolencia es la seña de que está muriendo. Toc-toc. Cierra los ojos y abraza el libro en un intento por aferrarse a ese "universo poético" en el que quiere llegar a los territorios de la muerte. Toc-toc. Se deja llevar en ese instante que se distancia del siguiente en el toc-toc, y su brazo se entumece cada vez más, toc-toc, y ella no se puede mover de su silla, toc-toc, no se quiere mover: se está tan confortable a las puertas de ese impreciso momento. Toc-toc. El brazo es un creciente remolino de dolor que se empareja con el toc-toc del agua, y quizás ya no atiende a esa gota terca que poco a poco aumenta su ritmo y se convierte en un chorro incontrolable. El libro clavado en su pecho detiene el último suspiro, y en él, esos personajes de ésta y de todas las obras leídas. Urbano añade que, justo en ese segundo se debió iluminar, no la película de la vida de Romelia, sino el mosaico de todas. Quise guardar en mi memoria la visión del inmenso y fulminante acuario. La imagen se me antoja extrañamente poética. Antes de retirarnos, me acerqué a la insólita tumba de agua con el simple deseo de descubrir el último libro de Romelia. Ella, con la cara sonriente de sirena ahogada me observa plácida, casi feliz. Su cuerpo frágil ondea sereno, como si estuviera predestinado a morir en un pozo de libros. Sus frágiles piernas flotan levemente al vaivén de las ondulaciones, y su vestido de flores azules se mece como aletas pegadas a su cintura. En el abrazo derecho, y cerca del corazón, se me revelan algunas palabras del título del libro: *...genioso hidalgo Don Qui...*

Una polifonía de libros-peces navega en medio del naufragio. Zanahorias, lechugas y tomates complementan el absurdo de la visión acuática.

Octavio Escobar Giraldo

PROPP, STAR TREK, AUGUSTO MONTERROSO

LA MUERTE DE DIOSELINA

LÉONIE BATHIAT

AJEDRECISTAS

INFESTACIÓN

APÓCRIFO

NACIÓ EN MANIZALES EN 1962. Ha publicado las novelas: *El último diario de Tony Flowers* (1995) y *Saide* (1995, Premio Nacional de Novela Negra). Libros de cuento: *El color del agua* (1993), *Las láminas más difíciles del álbum* (1995, Premio Comfamiliar del Atlántico de Literatura Infantil y Juvenil), *La Posada del Almirante Benbow* (1997) y *De música ligera* (1998, Premio Nacional de Literatura del Ministerio de Cultura de Colombia). En 2002 ganó el Premio Nacional de Cuento de la Universidad de Antioquia con el volumen *Hotel en Shangri-Lá* y la Bienal Nacional de Novela "José Eustasio Rivera" con *El álbum de Mónica Pont*. Algunos de sus cuentos forman parte de antologías traducidas al italiano, el búlgaro y el alemán. Es profesor de la Universidad de Caldas.

Propp, Star Trek, Augusto Monterroso*

D EBO AL ENTUSIASMO DE BASTOS SEGUIN el descubrimiento de los alcances de *El dinosaurio*. Hace unos meses, después de la cena, nos entretuvo una discusión sobre la posibilidad de escribir un cuento muy corto, de menos de cincuenta palabras, en el que la historia fuera banal y una sucesión de pies de página, algunos más extensos que el propio cuento, revelaran las verdaderas intenciones del autor. Yo lo consideré un ejercicio desnaturalizador del género y muy fatigoso; él esgrimió algunos de los neologismos habituales en los ensayistas franceses que gustan del término posmodernidad y concluyó su defensa con una sentencia memorable: "La ironía es a veces bastante irónica". Cuando indagué su origen, me confesó que Liliam P. Rivers la utiliza en una ampliación del cuento *El dinosaurio,* de Augusto Monterroso, en el número más reciente de *Caravelle.* Acudí a la biblioteca en busca de la revista pero en los números 72 y 73, los últimos que llegaron a mi puerta, no aparecía. Recordé que la susodicha profesora había provocado dos años atrás una insensata discusión sobre la posibilidad de que Jorge Luis Borges fuese el testaferro

* Publicado originalmente en *El Cuento en Red,* núm. 7, primavera, 2003.

de una vasta sociedad secreta que producía cuentos, ensayos, poemas y entrevistas con la intención de burlar al mundo. En su alegato mencionaba una fuente anónima de la Academia Sueca que explicó así la renuencia a concederle el premio Nobel y lo conveniente y simbólica que resultaba su ceguera, que de otro lado dificultaba a un hombre acomodado pero no rico la adquisición de todos los conocimientos que refleja su obra. También insistía en los textos en los que Borges alude a sus "otros", actitud que algunos atribuimos al influjo de Whitman, y en la autoridad mítica que daba el bastón a sus palabras. Como Bastos Seguin conoce mi opinión respecto a hipótesis tan alocadas, se apresuró a señalar que la sentencia que nos ocupaba proviene de la película *Airplane,* realizada por Jim Abrahams y los hermanos Zucker en 1980, y pretextó un compromiso matinal para despedirse. Incómodo, conjeturé que era víctima de una ficción urdida por su modestia. Reconozco que me equivoqué y que a veces me atraso en el pago de mis suscripciones.

El volumen que trajo al día siguiente es el 74 de *Caravelle, Cahiers du Monde Hispanique et Luso-Bresilien,* editado por la Université de Toulouse-Le Mirail en junio del año 2000. En la página 257 aparece la colaboración titulada *Propp sale a cazar dinosaurios,* firmada por Liliam P. Rivers, vinculada al departamento de Literatura Comparada de la Universidad de Connecticut. Bastos Seguin sólo cometió un error: quien pronuncia la afortunada sentencia es William Shatner, el actor al que hizo célebre su interpretación del capitán Kirk en la imprescindible serie de televisión *Star Trek,* y lo hace en *Airplane II: The Sequel,* dirigida por Ken Flinkeman en 1982, secuela de la cinta que mencioné renglones atrás.

Rivers nos informa que Monterroso nació en Guatemala en 1922 y publicó su primer libro a la tardía edad de treinta y nueve años, también que su obra y su figura son breves y que es admirador de Séneca, Horacio, Persio y Catulo. En los años cincuenta la revista *Life* lo premió por ser el autor del mejor cuento corto del mundo, *El dinosaurio,* con sólo siete palabras: "Cuando despertó, el dinosaurio todavía estaba allí".

Incapaz de aceptar la literatura como un placer lejano a las estrategias de participación tan propias de su nacionalidad, Rivers aprestó su arsenal teórico para realizar un fatigoso ejercicio. En 1928 Vladimir Propp publicó su *Morfología del cuento ruso,* estudio de las narraciones tradicionales de su país, en las que detectaba una estructura susceptible de resumir en cuatro formulaciones:

1. Los elementos constantes, permanentes, del cuento son las funciones de los personajes, sean cuales fueren estos personajes y sea cual sea la manera en que las cumplan. Las funciones son las partes constitutivas fundamentales del cuento.
2. El número de funciones que incluye el cuento maravilloso es limitado.
3. La sucesión de las funciones es siempre idéntica.
4. Todos los cuentos maravillosos pertenecen al mismo tipo en lo que concierne a su estructura.

Asimilando "maravilloso" y "fantástico" con argumentos que no vale la pena apurar, citando a Mario Vargas Llosa[1] para sustentar el carácter fantástico de *El dinosaurio,* Rivers acomete la ampliación del cuento utilizando exhaustivamente las funciones propuestas por el formalista ruso. Según ella, Monterroso alude a un héroe que sale del sueño, sea éste normal o

1. Mario Vargas Llosa, *Cartas a un joven novelista*, Madrid, Planeta, 1997, p. 89.

inducido por algún medio mágico, y se enfrenta a lo extraordinario: la presencia del dinosaurio que compartió su sueño, la decepción de encontrarlo aún junto a él cuando debía desaparecer de su lado. No cree que estemos, por tanto, frente a la "Exposición de la situación inicial", punto de partida de Propp, ni ante la primera función, el "Alejamiento de casa": el sueño puede interpretarse como una forma de viaje, pero es claro que antes de que el héroe despierte, el dinosaurio está presente en su vida; en otras palabras, cuando el cuento inicia, el alejamiento ocurrió tiempo atrás. La segunda función es la "Prohibición". ¿Es posible que a nuestro héroe se le haya prohibido dormir o, por el contrario, se le prohibiera despertar?, se pregunta Rivers, para responder que ese "todavía" que alude a sucesos que ya pusieron a prueba al héroe, invalida ambas consideraciones y remite al pasado, lejos de su análisis, las siete funciones siguientes. La octava función, "Fechoría" —el agresor daña a uno de los miembros de la familia—, la enfrenta a una alternativa curiosa. Entre la variedad de formas que plantea Propp para esta función, la dieciocho dice: "Atormentar a alguien todas las noches". Parece natural creer que el personaje de Monterroso, aquel que al despertar vuelve a encontrarse con el dinosaurio, es el héroe, pero ¿si se trata tan sólo de uno de los familiares, aquel al que el agresor atormenta, quizá en medio de la noche?

Rivers admite que esta posibilidad cambiaría las condiciones de su discurso, pero arbitrariamente la aparta, anotando, no obstante, que es válida y revitalizaría las tres funciones siguientes, que en la línea principal de su análisis no tienen interés. La doce o primera función del donante: "El héroe sufre una prueba que le prepara para la recepción de un objeto o de un auxiliar mágico", plantea que entre ésta y la función anterior se presentó al héroe un personaje que le entregará algo que le permitirá seguir en su búsqueda, pero antes lo somete a una prueba que lo haga merecedor de su posesión. ¿Puede ser la persistencia del dinosaurio esa prueba a la que el donador somete al héroe? Rivers lo considera poco probable: "La forma en que está escrito el cuento apunta más al cansancio o a la frustración que al desconcierto", dice, antes de barajar otra posibilidad: que el propio dinosaurio sea el donante y su persistencia una forma de petición no tipificada, pero afín a las sugeridas por Propp. En este caso el cuento sería un fragmento menor, si se quiere lateral o accesorio, de un texto mayor. A igual conclusión la induce la función trece, "Reacción del héroe ante las acciones del futuro donante".

Espero que los lectores acepten lo expuesto hasta aquí como un ejemplo de la meticulosidad de Rivers y me permitan abordar sin tardanzas la parte más interesante de su ejercicio. Si, como apuntó en otras oportunidades, se concibe al sueño como viaje, las funciones veinte y veintiuno parecen definir las sendas oraciones simples que forman el cuento de Monterroso: "La vuelta", el héroe regresa, y "Persecución", el héroe es perseguido. Así las cosas, este cuento sería parte de un relato más extenso en el que el héroe —o uno de sus familiares— violó una prohibición y por tal motivo debió sumirse en el sueño, sufrió el engaño del agresor, obtuvo el objeto mágico del donador, se enfrentó en combate con el agresor —en este caso el dinosaurio—, y triunfó. Reparada la fechoría inicial y distinguido con una señal o marca, el héroe regresa al hogar, lo que para nuestro caso significa recuperar el estado de vigilia, pero es perseguido: el dinosaurio traspasa la barrera del sueño con la intención de capturar al héroe.

Excesiva, Rivers nos abruma con una posible continuación, la función veintidós: Socorro, el héroe es auxiliado, y en este punto podrían repetirse varias de las funciones ya analizadas o, proseguir con la veintitrés: Llegada de incógnito a su casa, que plantea un rumbo distinto, en el que hace su aparición un falso héroe (función veinticuatro) y el héroe es sometido a una prueba muy difícil (función veinticinco) —uno de los elementos preferidos del cuento según Propp—, que habitualmente supera con grandes esfuerzos (función veintiséis). Su suposición implicaría encerrar o dar muerte al dinosaurio en el mundo real o expulsarlo al país de los sueños.

Después de superar en conjunto las dificultades del ejercicio de Rivers, preocupados por sus implicaciones, Bastos Seguin y yo leímos el libro de Propp y nos atrajo este aparte: "Antti Aarne no intentó hacer una clasificación verdaderamente científica (de los cuentos); su índice es útil como obra de referencia y en tanto que tal tiene una gran importancia práctica".[2] Los cuentos, según la clasificación del teórico finlandés, se dividen en tres tipos:

1. Cuentos de animales
2. Cuentos propiamente dichos
3. Anécdotas

Propp objeta que separe los cuentos de animales de los cuentos propiamente dichos, pero ¿es probable, como lo indica el título del cuento, que el dinosaurio sea el héroe del relato de Monterroso y no el hipotético ser humano que lo acompaña?, o mejor, ¿es posible que el ser que acompaña al dinosaurio, que lo sueña o lo ve cuando despierta, no sea un humano sino un animal?

Uno de los libros de Monterroso es *La oveja negra y demás fábulas,* una especie de bestiario en el que conviven cucara-

2. Vladimir Propp, *Morfología del cuento ruso,* Madrid, Fundamentos, 1977, p. 23.

chas, moscas, monos, águilas, leones, conejos, tortugas, ranas y, por supuesto, ovejas negras, con críticos, sabios, escritores y psicoanalistas, entre otros especímenes humanos, por algo lo preside un epígrafe de K'nyo Mobutu: "Los animales se parecen tanto al hombre que a veces es imposible distinguirlos de éste". Conocido este antecedente, no extrañaría que el protagonista del cuento de Monterroso sea un animal prehistórico, en cierta medida fantástico y que al desempeñar las funciones de héroe, lo hiciera ciñéndose, con conciencia o sin ella, a los principios extraídos por Propp. Aunque la aplicación de tales tesis a textos literarios diferentes a los cuentos tradicionales rusos nos parece el mayor de los abusos, hace unas semanas enviamos unas líneas a Lilliam P. Rivers explicándole que el dinosaurio podría estar en ese fragmento de una posible narración más larga, cumpliendo la función once descrita por el formalista ruso: "El héroe se va de casa", en nuestro caso del país de los sueños o, mucho mejor, la función tres: "Trasgrediendo una prohibición"; tal vez la de inmiscuirse demasiado en los asuntos humanos.

Denunciamos que hasta hoy no recibimos respuesta.

La muerte de Dioselina*

JULIO CONOCÍA LA ENFERMEDAD que de a poquitos acababa con la eterna sirvienta de la familia, sin embargo aquella tarde, cuando volvió arrastrando el carro de balineras,** la noticia de su muerte lo sorprendió:

—Era algo que se esperaba —dijo el abuelo—, le falló el corazón... Es mejor que se arregle y baje rapidito.

Los llantos y padrenuestros de la abuela se oían mientras subía al cuarto y se oirían durante mucho tiempo más, y no sólo los de ella: fueron tantos los asistentes al velorio que el abuelo afirmaba haber visto gente hasta con tres ojos y todos tan conmovidos que al final nadie supo decir de quién era el muerto. Es que en el vecindario querían muchísimo a Diose porque hablaba de esas cosas que le interesan a uno y nunca negaba un favor. ¿Cómo fallarle en su última noche sobre la tierra?

En la sala no cabía un alma: unos rezaban, otros tomaban café, las mujeres hacían sánduches para la madrugada y los más compungidos se servían otro aguardiente en memoria de

* Publicado originalmente en *El color del agua,* Manizales, Universidad de Caldas, 1993, p. 47.   ** Juguete que consiste en un planchón de madera al que se le agregan dos ejes, cuatro ruedas de balines y otros accesorios para facilitar su desplazamiento sobre superficies lisas. [E.]

la difunta. El cura decidió hablarle a Julio de la resurrección de la carne y de otros asunticos de la carne que ya era hora se comentaran en vista de lo crecido y lo buen mozo que estaba. Hubo de todo, ¡y ni hablar del entierro!, con decir que hasta tío Rodrigo apareció y eso que tener harta plata lo eximía de tales obligaciones.

Pero el cariño se fue gastando con el novenario y la asistencia se redujo a Julio rascándose porque le picaba el pantalón de paño y a los hinchas de la misa cotidiana. ¡Qué vacaciones! Y cuando el noveno podéis ir en paz parecía anunciar el fin del vía crucis, apenas se iniciaba la pasión. Todo el mundo entendía que la abuela ya no era capaz de hacer los oficios caseros sola, pero ella insistió y las consecuencias no se hicieron esperar: al poco tiempo el abuelo, que nunca entraba a la cocina porque ése no es sitio para hombres, resolvió no entrar ni al comedor porque esas cosas que nos da su abuela no saben a nada. Dichoso él.

—Usted, Julio, se come todo sin decir ni mu. ¡Y no ponga esa cara que no es pa'tanto!

No era para menos; la casa andaba patas arriba y la hubieran declarado zona de desastre nacional si no interviene tío Rodrigo. Fue un día dizque a almorzar y a ver cómo estábamos. Cómo estábamos comiendo fue lo que supo no más pasó el primer bocado y consciente de la urgencia volvió al otro día a hora no gastronómica, un tintico no más, viejita, y prometió que en máximo veinticuatro horas traía quien ayudara en la casa.

Esa noche el rosario fue divertidísimo; nada de misterios gozosos, gloriosos y dolorosos, puros misterios domesticosos: Dios te salve María yo no necesito muchacha, y Santa María madre es mejor que alguien le ayude, y Dios te salve menos una que traiga Rodrigo, y Santa María no es amiga de él, si apenas sale del pueblo, y Dios te apuesto a que es otra de sus vagamundas, y Santa la consiguió con el cura, y Dios no me importa, no me gusta, y pues si viene se queda, amén.

Tío Rodrigo cumplió y por la tarde llegó con Martica. La recomendaba el párroco de su pueblo como muy seria y trabajadora, y luego relataba las tristes circunstancias que obligaban a emplearse a una niña tan dotada para el estudio. Encarecía se le diera la oportunidad de mejorar su nivel de instrucción y eso sí, confío que en un hogar tan católico no se abandonará el cuidado de un alma noble y devota. Esta carta no le bastó a la abuela y acometió un severo interrogatorio porque usted comprenderá señorita que no puede uno abrirle la puerta de la casa a cualquiera, y ahí perdona. Al rato, casi satisfecha, la llevó a conocer la casa mientras le enumeraba sus deberes. Terminaron por la cocina y el cuarto del servicio, donde Martica se quedó instalándose. Tío Rodrigo se paró:

—Listo viejita, me voy. Lo del sueldo ya lo cuadré con su familia, yo invito. Nos vemos el domingo.

Siempre decía lo mismo y el lunes o martes llegaba bronceadísimo y con una cara de satisfacción que no se ve ni en los comerciales de televisión:

—Le traje naranjas, viejita. Estaban baratísimas, ahí, al borde de la carretera. A huevo la docena. Agarre Julio... Y qué, ¿cómo van con Martica?

—Una joya mijo, no sé qué haríamos sin ella. Si a veces le digo que no se mate. Es que es tan trabajadora.

El abuelo asintió satisfecho. No era sino mirar: pisos brillantes, paredes limpias, plantas reverdecidas, cada cosa en su sitio y sin rastro de polvo; el orden, el amado orden retornaba al hogar. Y la comida: ¡inmejorable! ¡Qué sazón! Tío Rodrigo no podía creer que lo que había comido toda la vida pudiera ser tan sabroso, si son las papas de siempre y la misma carne. Esta muchacha es una artista.

Julio no se acostumbraba a la situación. Desde la muerte de sus padres, Dioselina lo había cuidado como a un hijo propio y si bien nunca pudo quererla del todo, conservaba un no sé qué de profunda fidelidad. ¿Qué importaban ahora sus regaños? Ella había sido como su madre durante muchos años y no pensaba olvidarla tan fácilmente. Además las vacaciones se acababan y cada instante lo dedicaba al fútbol y al carro de balineras. Sólo se fijó en Martica y en su rostro de ardillita de película de Walt Disney, cuando volvió al colegio.

Fue don Floro quien propició el acercamiento que ya el lector adivinó se presentaría. Era el profesor de biología y si no fuera por la neumonía, las bacterias, jovencitos, aunque no crean nadamos en un mar de bacterias, aún ejercería el magisterio. El hecho es que apenas reinició el curso se le ocurrió llevar la clasificación taxonómica a unas carteleras y entre los agraciados con el encargo estuvo Julio.

Para realizar tan delicada labor no servía su escritorio por pequeño ni la mesa del comedor por grande y porque debía permanecer inmaculada a la espera de visitas. El sitio preciso era la mesa pequeña que se usaba para planchar y allí trasladó reglas, marcadores, lápices y borradores. Ella no pareció inquietarse por la invasión de sus terrenos; siguió ocupada en sus cosas y cuando Julio le pedía ayuda, se la brindaba. Pero había recelo y temor; apenas él entraba, la pobre apagaba el radio privándose de su diversión preferida, las radionovelas. Un día no aguantó más y le preguntó con la cabeza baja si le molestaba que lo dejara prendido.

—No.

Tan monosilábica respuesta los acercó para siempre. Cada tarde compartían la lucha de Carlos Altolaguirre y Lucerito Silvero contra las maquinaciones de René Rivadero y Susy Larraguibel para acabar con su amor. Acompañaban a la pareja en sus paseos por Katay, la hacienda que el banco del tío de Rivadero quería arrebatar al apuesto Altolaguirre que con calma filosófica acariciaba su galgo afgano: reino animal, subreino metazoa, tipo cordado, subtipo vertebrado, clase mamífero, subclase terio, sección euterio, orden carnívoro, suborden fisípedo, familia cánido; en resumen, un perro flaco y mechudo. Luego venía Cinthia Villalonga, la gerente del BKQD, a su vez enamorada del Rayo Escarlata, viajero de Aldebarán con poderes telequinéticos y vestido rojo que en sus ratos libres vendía lotería para ganarse la vida. Pobrecito, es que por allá no existe el dinero, ¡son tan perfectos!

Aquellas voces aterciopeladas de clases, géneros y familias diversas, llenaban sus imaginaciones de lugares y personas, de sentimientos. Y de sobremesa la música, los temas de hoy y de siempre en versión de los ídolos que ustedes, amables oyentes, consagran con sus llamadas, y que transmitimos para satisfacer sus exquisitos gustos. Las ondas hertzianas habían logrado, por fin, la comunicación.

Julio siguió haciendo allí sus tareas y escuchando las aventuras de los héroes radiales. También oía los partidos de fútbol y le hablaba a Martica de la zurda prodigiosa de *el Pibe* Cesti, la mejor importación del año, según él. En voz baja seguían las canciones románticas del momento y ella le contó sobre su pueblo, su familia, las ganas de superarse, mientras arreglaba la cocina y planchaba. Compartían en secreto las penurias académicas de Julio y las económicas de Martica, encontrándoles siempre soluciones improbables. Después del rosario veían juntos televisión y una desazón gemela los embargaba cuando el detective o el pistolero de turno besaba a la rubia desfalleciente de amor.

Por la época en que Martica cumplía los tres meses de permanencia llegó una carta de los Estados Unidos: tía María. Doce años atrás, cuando Julio aún tomaba tetero, se había ido para tratarse un cáncer y ni se había muerto ni había regresado. Ahora anunciaba visita y la abuela con los ojos encharcados de la alegría daba gracias a Dios y a las benditas almas del purgatorio por el retorno de su hermana, mientras llamaba al tío Rodrigo.

—Y ¿cuándo viene?

—Pues nos vamos pa'la finca el fin de semana. Matamos marrano y todo.

—No hay problema. La esposa del agregado arregla la cosa y Martica se queda cuidando la casa.

—Listo pues, invite a las primas y al cura y no se le olvide el bikini.

—Eh, pero con usted si no se puede charlar.

—Oiga, entonces así quedamos... Bueno, hablamos, chao.

La organización del recibimiento se convirtió en tarea prioritaria. Después de concienzudos análisis se llegó a la conclusión de que los años no pasan en vano, y convencidos de ello decidieron llevar a la tía de una vez a la finca para que disfrutara al máximo del campo, que tanto le gustaba desde chiquita. Tío Rodrigo encargó al agregado de recoger a la familia y llevarla al aeropuerto y después a la finca.

—Yo vendo un ganado y les caigo.

¿Y Martica sola en la casa?, pensaba Julio. ¿Y su propia soledad rodeado de vacas y sin Martica? Y si...

—Yo no puedo ir, abuela. Don Floro puso para el lunes una investigación sobre las teorías de Darwin.

—¡Cómo! Pero ese señor no trabaja nada, todo lo hacen ustedes.

—Así es ahora, abuela.

—Pues yo no sé, hable con él, haga lo que sea, pero usted tiene que estar en la finca con María, ¿me entendió?

La tenacidad de Julio suplantando a Don Floro pudo poco

en el forcejeo con la abuela y en últimas logró que lo dejaran irse por la tarde con tío Rodrigo; pasaría una mañana solo con Martica. Por su mente rondaba la escena del beso final de Carlos y Lucerito: el viento, los árboles arropándolos, la voz sugerente en el te quiero varonil y la silenciosa entrega labial. Todo podría ser así en ese sábado que de tanto acercarse, llegó.

Antes de la siete estaba al frente la camioneta tan limpia como no se había visto nunca y el agregado sonriente, peinado, con el arco iris en la corbata y un vestido de bolsillos gigantes. Los abuelos ya estaban listos y después de saludarlo y preguntarle por la familia y por las gallinas, ocuparon sus puestos. La abuela llamó a Julio y le advirtió que estuviera de vuelta de la biblioteca al mediodía. Y se fueron.

Julio pensó en entrar corriendo a contarle a Martica lo que había hecho para estar con ella, pero se contuvo. Tenía miedo de que no lo aprobara, que lo contara después, o lo peor, que no le gustara. Decidió caminar un rato por el barrio; el regocijo lo estremecía cuando la imagen de Martica le sonreía: la quería, seguro que la quería.

La cerradura cedió con un sonido escandaloso y nuevo. Silencio, nadie en el vestíbulo; se aceleraba el corazón a cada paso y las manos se humedecían y el pecho se paralizaba y bailaba la cabeza y molestaba el cuello de la camisa y la frente sudaba y moría el estómago de angustia y... allí estaban ellos. La puerta entreabierta y sus cuerpos desnudos buscándose, ansiosas las bocas, desordenados los cabellos, febriles los músculos; ojos cerrados, un mismo deseo, un solo movimiento continuo, placer, rencor, éxtasis, decepción, placidez, tristeza, dolor.

Se sentó en la sala. El tiempo se detuvo hasta que tío Rodrigo salió arreglándose la camisa. Frenó en seco al verlo.

—¿Hace mucho estás aquí?

—Acabé de llegar —dijo, levantando la cabeza. Una mirada de comprensión atravesó ambas pupilas.

—Si quieres nos vamos de una vez.

—Como usted quiera, tío.

Caminaron silenciosos, erguidos sus hombros a la misma altura. Tío Rodrigo se detuvo frente a una cafetería.

—Espera; tomemos una cerveza.

—Como usted quiera, tío.

La espuma resbalaba indecisa, el líquido congelaba las palabras en la garganta. Julio disfrutó por primera vez la caricia amarga de la cerveza.

Léonie Bathiat

Q UERIDA, SABRÁ DISCULPARME, pero la suya es una his-
— toria inadmisible —el rostro de Santacoloma mostraba
con cuanta satisfacción había dicho lo que los dos pen-
sábamos—. Que Napoleón y Victor Frankenstein visitaran el
mismo burdel, es aceptable; que escogieran a la misma prostituta me parece una coincidencia exquisita —suavizó su alegato—, pero que la muchacha convulsionara después de fornicar
con ellos, ¡y sólo con ellos!

La corbata parecía asfixiar su rostro rubicundo, de ojos pequeños e incrédulos. Yo escurrí la mirada hacia el whisky
mientras esperaba una respuesta.

—Pues no es un invento, doctor Santacoloma. Es un hecho
histórico —proclamó la voz femenina, ligeramente ronca.

SANTACOLOMA ME HABÍA PRESENTADO a Verónica Franco en
la librería a la que acudimos tras cumplir con nuestra rutina
de abogados, para comprar algún volumen de literatura esta-
dounidense o europea —abominamos de la autóctona—, y
enterarnos de la crónica menuda de la ciudad. La charla, deli-
ciosamente insulsa, nos condujo al coctel inaugural de la exposición de una pintora que nadie cree una buena apuesta

para el futuro. Sus desnudos —calificados con optimismo como autorretratos— indujeron a nuestra acompañante a hablar de Ingres y Botticelli, de Giorgione y Boucher con una autoridad que apuntaba a cursos en Italia o Francia, a horas copiando a Rubens en el museo del Prado. Una fragancia, sauce quizá, acompañaba sus pasos. Cuando Santacoloma retorció un comentario sobre erotismo para introducir y desarrollar su habitual monólogo en alabanza de Napoleón Bonaparte, Verónica Franco lo interrumpió.

—Monsieur —sonrió maliciosa—. Voy a contar algo que va a interesarle muchísimo.

Según su curioso relato, en el verano de 1791 una espaciosa casa de dos plantas en la rue de M. atraía a los espíritus más inquietos de París. A la discreción de madame Potdevin y el buen porte de sus pupilas, agregaba un carácter singular la presencia de Léonie Bathiat. De origen desconocido, tocó a la puerta en otoño, y la caridad y el cálculo acogieron su silueta frágil de rostro enfebrecido. Unas semanas después estaba lista para retribuir los favores recibidos; sus mejillas recobraron el color, y sus senos y caderas ganaron la turgencia necesaria para ejercer el oficio. Jean Maury fue el primero en disfrutar de las sobresalientes habilidades de la muchacha, de su certero instinto para conseguir que un hombre desfogara su sexualidad de forma muy placentera. Avezado en el trato con prostitutas, le manifestó a madame Potdevin que nunca terminó una visita tan satisfecho y con tan pocos sentimientos de culpa, en sus palabras, "Tan libre e inocente como un nativo de Las Indias". Sin medir costos, la acaparó, pero un comentario indiscreto reveló al resto de la clientela las virtudes de Léonie. Su oferta económica fue superada y la Ciudad Luz entronizó una nueva estrella.

—¡Vaya estrella! —interrumpió Santacoloma.

—La prostitución es una conducta más honesta que otras —replicó Verónica Franco, apartando de la frente sus cabellos tornasolados.

El uno inflamado por las ideas revolucionarias, harto de la guarnición de Valence, el otro añorando a la idílica y algo sosa Ginebra, Bonaparte y Frankenstein cayeron por allí en diversas oportunidades. Madame Potdevin consignó en sus memorias que Léonie, sana hasta ese momento, convulsionó violentamente después de satisfacer al futuro emperador y una segunda vez cuando el miembro viril del médico que desbordó los límites de la vida abandonó su cuerpo. "Sentí un terror tan profundo que sólo ansiaba la inconsciencia", declaró la muchacha.

—POR FAVOR, QUERIDA, un hecho histórico —protestó Santacoloma—; no voy a afirmar que Napoleón despreciaba los burdeles, es bien conocida su lubricidad, pero esto de las convulsiones... Creo que se deja llevar por su amor a la pintura. Conozco el dibujo de Goya, "El sueño de la razón produce monstruos" —blandió el vaso de whisky ya sin hielo— y, por supuesto, la anécdota que nos ha contado puede emparentarse con esa afirmación. Napoleón y Frankenstein eran unos racionalistas, pero también unos románticos, y sus proyectos, más el del suizo, me atrevería a opinar, originaron monstruos, pero esta historia no resiste análisis: un receptor del futuro en la vagina de una prostituta —concluyó burlón.

—Entiendo su incredulidad, doctor Santacoloma, pero las cosas suceden.

—Claro que suceden, querida, pero he leído todo lo que se ha escrito sobre Napoleón, Calle puede corroborárselo, y en ninguna parte figura tal anécdota. De Frankenstein no sé nada, la verdad; ¿qué piensas tú?

—Pues Mary Shelley no lo registra en su biografía —admití—.

Las fechas coinciden pero me parece imposible probar algo así.

—¿Y si vieran lo que escribió madame Potdevin? —preguntó Verónica Franco.

En ese momento se acercó la pintora y los tres procuramos lisonjearla. Agradecida, nos empujó a un recorrido por la exposición, del que Santacoloma huyó sin disimulo. Verónica Franco se disculpó cuando pasábamos frente a los baños y tuve que soportar en solitario su pormenorizada explicación de propósitos y técnicas hasta que un admirador genuino la raptó. Santacoloma aguardaba cerca de la puerta.

—¿Y Verónica? ¿Dónde la dejaste?

—Entró al baño hace quince minutos.

—Típico. Primero inventan una tontería y después salen corriendo.

—¿La conoces desde hace mucho?

—No. Me la presentaron ayer en la oficina. Llegó hace unos días de Londres o Madrid pero no sé qué estará haciendo aquí. Debe ser una de las conquistas de Arbeláez.

—Debe ser, y ni modo de criticarle el gusto —afirmé.

—Es una mujer deliciosa y tiene una conversación... Lástima lo pretenciosa, su acento es la cosa más extraña que he oído, no sé si es uruguaya, cubana o vallisoletana —exageró—, y lo fantasiosa, sobre todo.

—Creo que se cansó de las hazañas de Napoleón; como todos —anoté burlón.

—No abuses de las circunstancias, mira que puedo perder el buen humor. Además, borra esa sonrisa de los labios: almuerzo mañana con ella —declaró desde su elevada estatura.

Algo parecido a la envidia me hizo cambiar de tema.

CUATRO DÍAS DESPUÉS Verónica Franco iluminó la sala de espera de nuestras oficinas.

—Buenas tardes, doctor Calle.

—Buenas tardes —respondí, ofreciéndole mi despacho.

Entró sin prisas, su talle ligero muy erguido.

—Le voy a regalar uno de mis batik. A este lugar le falta vida —juzgó la decoración—; me parece que es usted pura interioridad.

—No esté tan segura —evadí una discusión ya perdida y le acerqué una silla—. ¿A qué debo el honor de su visita?

—Quedé en deuda con usted y el doctor Santacoloma —cruzó sus muslos maravillosos.

—Las memorias de madame Potdevin —recordé.

—Exactamente.

—Disculpe, pero pensé que todo había sido una invención suya para callar a Santacoloma, una invención admirable —aclaré.

—Gracias —aceptó mi halago—. Es cierto, había que detener a su colega de alguna manera, pero las memorias existen.

—¿Y se las mostró ya? Tengo entendido que pensaban almorzar juntos.

—Y lo hicimos —admitió—, pero me negué a complacerlo al respecto.

—Debe estar muy contrariado.

Evitó cualquier comentario.

—¿Las trajo hoy? —señalé su bolso.

—No, claro que no. Siguen en mi casa.

Sus ojos color miel me enfrentaron.

—Sé que el doctor Santacoloma está de viaje, pero si usted quiere verlas esta noche...

—Por supuesto, me mata la curiosidad —concedí.

—Entonces, nos podemos encontrar en la librería a eso de las siete de la noche. ¿Le parece bien?

ASISTIMOS A UN CONCIERTO en el que clavecín, viola da gamba y archilaúd acompañaban las melancólicas canciones de amor de John Dowland y Henry Purcell, interpretadas por un tenor y un contratenor. Verónica Franco pareció seguir con los labios algunas de aquellas letras del siglo XVII —*My dearest, my fairest,* por ejemplo—, y tras la reiteración de los aplausos se acercó al escenario e interpretó tres docenas de notas en el clavecín, ante la mirada complacida de los músicos. Después cenamos sin prisas, dando tiempo al vino. En el salón principal del restaurante un bullicioso grupo veía un partido de fútbol.

—No entiendo la fascinación general con el fútbol —dijo—. Si por lo menos fuera un verdadero ritual, una ceremonia donde estuviera en juego la vida de los participantes. ¿Sabe qué tendría sentido? Que cuando triunfara un equipo, los jueces encendieran un foso al lado de la gramilla, y los perdedores, silenciosos y desnudos, saltarán en medio de las llamas, animados por los himnos y cánticos de la multitud.

—Un poco bárbaro —esperé unos segundos para anotar.

—Pero hermoso —replicó exaltada.

—Dudo que haya humo blanco para su propuesta.

—Eso depende de usted, Monsieur.

Me miró fijo y fui incapaz de articular respuesta. Su perfume aleteaba enervante.

—Estoy viviendo en el edificio Písamo, frente a la plazuela de San Carlos, pero preferiría que fuéramos hoy a su casa, si no tiene inconveniente.

DESPERTÉ MUY TARDE en la mañana, sediento y solo. El olor a acebo también había desaparecido. Me di prisas para llegar al edificio en el que creí la encontraría. Nunca deseé con tanta urgencia a una amante después de nuestro primer encuentro; ni una sola vez en la vida experimenté la pasión con tal olvido de mí mismo, con semejante entrega.

Pese a mi enojo, el portero probó más allá de cualquier duda que allí ni residía ni estaba de visita ninguna Verónica Franco.

Esa tarde, en la librería, me esperaba un sobre. Contenía un volumen de más o menos cien fotocopias, bien empastado. Cada página reproducía la mitad de una hoja tamaño folio escrita en francés con letra redonda, grande, apenas inclinada a la derecha. La textura del original —¿su antigüedad?— era patente en las líneas y tonos grises que reprodujo la máquina. Cuando me disponía a leer, reconocí una voz:

—¿Está Calle por aquí?

Santacoloma flanqueó la concurrida sección de autoayuda y se acercó a la mesa que el dueño de la librería tiene reservada para los diletantes que aceptamos su invitación a algo parecido a la tertulia literaria.

—Te extrañamos en la oficina hoy, ¿estás enfermo?

—Un resfrío, nada grave. —Las delicias de una noche irrepetible.

—Lo supuse. ¿Has visto a Verónica Franco? —preguntó sin sus habituales rodeos.

—No. ¿Por qué?

—Por nada. Nos habíamos citado aquí a las cuatro y no llegó; pensé que vendría más tarde o que llamaría a la oficina, pero vengo de allá y nada... Una mujer extraña, ¿no te parece? Busqué algún dato sobre madame Potdevin en biografías de historiadores españoles e ingleses; tú sabes, son los que más mal hablan de Napoleón, les gusta rebajarlo, insisten en sus debilidades humanas, y sin embargo no encontré nada. Creo que todo es un invento suyo. ¿Qué piensas?

—Estoy de acuerdo —mentí.

—¡Y la historia de una relación sexual sin culpa! ¡Qué tontería! Uno de los atractivos del fornicio es la conciencia de que se peca, es uno de los grandes logros del cristianismo. Convertirlo en algo parecido a un juego cualquiera...

—Como el fútbol.

—Como el fútbol, sí... Es una tontería —concluyó su alegato—. Hablé con Arbeláez. Me juró que su relación fue estrictamente de negocios.

—¿Qué negocios?

—No sé, no quiso decírmelo... ¿Y ese documento?

—Una tesis que me pidieron evaluar —dije volviéndolo al sobre—. ¿Quieres que te acompañé a esperarla?

HE REPASADO una y otra vez la nota que me dejó Verónica Franco, también las fotocopias. Por fortuna el francés de madame Potdevin es casi tan elemental como el mío. Hace un comentario que sublevaría a Santacoloma:

Cuando Léonie convulsionó la primera vez, pensé que todo se debía a la vulgaridad de ese insoportable joven corso. Ahora no sé qué pensar, el doctor Frankenstein es tan fino, tan cortés. Una vez coincidieron en el salón y me dice Mathilde que hablaron con pasión durante más de una hora, pero no recuerda de qué. No la culpo, la verdad es que si no fuera por las convulsiones de Léonie, apenas los recordaría; tuve clientes mucho más generosos y mejor dotados que ellos.

La nota que me dirigió huele a centaura y dice:

Espero que disfrute las memorias de madame Potdevin.

El original está en las bóvedas de un banco en las islas Caimán y en dos meses podré rescatarlo. A ello contribuirá el préstamo que me hizo el doctor Santacoloma; confío en que su economía se recupere de prisa, también su orgullo. Me es difícil respetar a quienes no se santifican en la lucha.

En homenaje a nuestros secretos incineré mis ropas de ayer, me gustaría que usted cumpliera con la misma ceremonia.

Au revoir,

Su firma se extiende sin mesura al final de la pequeña hoja, las letras muy redondas, apenas inclinadas a la derecha,
definitivas.

Ajedrecistas*

Para Alonso Aristizábal

TRAS DEVOLVERME EL PASAJE, la encargada del mostrador aceptó, muy a su pesar, que soportaríamos al menos dos horas de espera porque el aeropuerto de Bogotá estaba cerrado. Le di las gracias —acostumbro agradecer hasta las malas noticias—, y me dirigí a la cafetería.

Buscaba lugar cerca a los ventanales del fondo cuando mis ojos tropezaron con unas piernas femeninas verdaderamente imprescindibles. Miré al sueño completo y a su acompañante, un hombre de rostro redondo y cabello gris, que hacía gestos de invitación hacia su mesa. Después de un momento de vacilación, entendí que el movimiento de la mano me estaba dirigido.

—Disculpe, caballero —me dijo—, no pude evitar ver el libro.

Se refería a mi último trofeo: *El exótico mundo del ajedrez,* un libro de gran formato, en exceso lujoso para un deporte o un arte que muchos consideran del pasado.

—Es un prodigio —siguió—; en inglés salió hace casi tres años pero su gran virtud no es la actualidad, es la complacencia, ¿no le parece?

* Publicado originalmente en *La Posada del Almirante Benbow,* Manizales, Centro de Escritores, 1996, pp. 105-117.

Seguí callado y levantó sus kilos de más enfundados en un traje perfecto:

—Perdone mi atrevimiento y mi descortesía, los viejos somos muy impertinentes. Mi nombre es Juan Alfonso Arango... Tatiana es mi prometida.

—Mucho gusto —dije. Contestó, pero no recuerdo las palabras. Su delicado tono de voz puede abrir las bóvedas del Banco de la República.

—Siéntese, por favor, y tome un coctel con nosotros. Supongo que va para Bogotá —inquirió mientras hacia una seña al mesero.

—Sí.

—Y ya sabe que el aeropuerto está cerrado por razones metereológicas.

Asentí bajando la cabeza hacia el paisaje que se extendía por debajo de la mesa.

—Qué tal si pasamos el rato juntos. Lo invito a que juguemos una partida; me imagino que es usted un buen aficionado.

Lo soy. Un tío me enseñó algunos trucos y me previno de otros; también me explicó las aperturas. Aplicaba a la vida la frase de un gran maestro que debió ser campeón mundial pero nunca lo fue, la repetía a menudo: "El exagerado subjetivismo perjudica el desarrollo lógico de una partida de ajedrez".

—No soy muy bueno —respondí.

—La verdad, yo tampoco. Soy más entusiasmo que cualquier otra cosa —dijo mientras se agachaba para levantar del piso un maletín de cuero negro—. Con la jubilación no me quedó mucho que hacer y alguien me insinuó el ajedrez; comencé a practicarlo, leí sobre Philidor, Capablanca, Fisher, ya sabe usted, me apasioné. Ahora capturo a toda persona que más o menos sepa mover las fichas, pero soy apenas un neófito.

El maletín contenía un tablero de poco más de veinte centímetros de lado, fabricado con piedras comunes y silvestres, tal vez del lecho de un río, pero de un blanco y un negro casi perfectos. Quien había realizado el trabajo superó la artesanía para acercarse a lo sublime.

—Bonito, ¿no? Me lo regaló una pretendiente, no Tatiana, por supuesto —aclaró rozando los muslos enfundados en unas medias veladas muy oscuras. Ella ni sonrió—. Lo que me encanta es que las piezas son las clásicas Staunton, no me gustan los aspavientos.

Hasta la forma en que levantó el peón para enfatizar su afirmación, lo desmentía; también su acompañante, el ajedrez —una verdadera obra de arte—, y la pequeña computadora, poco mayor que una agenda electrónica, que puso sobre la mesa.

—Acostumbro grabar las partidas, quiero mejorar. Las estudio en casa, las comparo con los libros —anotó como si se excusara—. ¿Le importa?

Me permitió iniciar y tras uno o dos minutos de silencio explicó su teoría: la forma en que una persona juega ajedrez dice mucho de su personalidad.

—Usted es un hombre cauto, que no da ninguna ventaja, pérfido. Ese último movimiento suyo, por ejemplo, nos sitúa en terrenos bastante procelosos.

Su absurda interpretación de mis movimientos se convirtió en el fondo sonoro de la partida. Pese a que al principio lo único que me interesaba era disfrutar de la compañía de aquella mujer, el ajedrez produce un efecto extraño: se empieza a jugar por deporte y el orgullo termina involucrado entre las sesenta y cuatro casillas.

Tatiana registraba nuestros movimientos en el pequeño aparato. En la jugada veinte la situación era en extremo difícil. Arango sudaba, subía y bajaba uno de sus talones con nerviosismo. Cuando intenté abrir una diagonal para mi único alfil —una buena posibilidad, peligrosa para su rey—, se levantó mencionando su vejiga de una manera muy complicada. Casi arrebató el computador a Tatiana.

—Es un buen jugador —intenté una conversación.

—Se está enloqueciendo con este juego —respondió con una mueca.

—No parece muy a gusto con él.

Sus labios temblaron. No sé si era natural el tono rojizo de sus cabellos pero estoy convencido de que son grises sus ojos. Un vestido verde ceñía sus cuervas, más peligrosas que el más agudo giro en una carretera montañosa. Sólo podía existir un motivo para que estuviera con Arango: dinero.

—Usted no es jubilada, ¿o sí? —pregunté acariciando una pieza que salió del juego: la talla era exquisita.

Antes de que pudiera contestar, volvió Arango. Casi sin acabar de sentarse hizo un movimiento de caballo que resultó definitivo. Cuando las uñas de Tatiana rozaron el teclado, entendí que fue al baño a pedirle consejo al engendro electrónico.

Los cielos se abrieron y ante la puerta de embarque el gordo Arango —había resuelto llamarlo así— se despidió de Tatiana con un beso. Otra vez retuve su mano: nunca contemplé tal enfebrecida gelidez en una mirada. De seguro corrió en su BMW —no podía tener un automóvil distinto— en busca de su amante.

La cháchara del gordo Arango y su presuntuoso vocabulario casi arruinaron el vuelo. Me psicoanalizaba: yo era prudente, analítico, pero después que conocía a mi contrincante podía arriesgarlo todo si existía la posibilidad de un buen ataque. Sonreí y le dije que sí, que tal vez tenía razón. Mientras devorábamos el refrigerio —queso, jamón, ochuvas y croissant—, le pedí la revancha. Aceptó.

Escogimos un bar en el mismo Puente Aéreo, pedimos cerveza y extendimos el tablero. Esta vez comprometí toda mi atención. En la jugada quince percibió que las cosas no iban bien y mientras yo meditaba mi próximo movimiento tecleó con rapidez hasta que actualizó la partida. Entonces se excusó señalando el baño. Cargó con la computadora y de seguró la consultó.

No importa. Su maletín es fino y muy amplio; quedó espacio hasta para el libro que robé en la Nacional de Cali. Calculo venderlo en más de cincuenta mil pesos. El ajedrez es otra cosa: más de un millón, si tengo paciencia. Tal vez lo conserve. El gordo Arango tiene razón: soy prudente, pero cuando conozco al contrincante lo arriesgo todo si existe la posibilidad de un buen ataque.

POST SCRIPTUM

Santafé de Bogotá (Redacción) Después de semanas de vigilancia, un ladrón especializado en el robo de maletas y objetos de valor en los aeropuertos del país, fue detenido cuando abandonaba el Puente Aéreo. Educado y bien vestido, de unos cuarenta y cinco años de edad, el hombre conocido como "El pasajero" por las autoridades aeroportuarias, cayó gracias a una maniobra de inteligencia tan compleja como una partida de ajedrez.

Infestación*

ESTE CUENTO TIENE PIOJOS —dije a mi mujer.
—No te creo.
Vio las liendres.
—Hay que motilarlo.
—Tiene palabras que me gustan mucho.
—Tú y tus palabras —suspiró—. Úntale petróleo.
—¿Petróleo?
—Eso hice con los niños.
—¿Y si se intoxica?
—Los niños no se intoxicaron.
—Son fisiologías distintas.
—Cuidas demasiado tus cuentos. Relájate.
Bajé la cabeza.
—Cepíllalo y lávalo. Cepíllalo y lávalo hasta que le salga toda esa inmundicia —gritó rumbo a la cocina.
Lo hice, juro que lo hice.

* Publicado originalmente en *elmalpensante,* núm. 26, Bogotá, febrero-marzo, 2002, p. 61.

Apócrifo*

APENAS JADEANDO, aceleró el ritmo un minuto y después se quedó muy quieto; salió de su vagina con la misma gentileza con la que había entrado. María siguió con los ojos cerrados unos instantes: pese a su juventud, no era frecuente que tuviera un orgasmo con uno de los clientes. Quizá por ello sintió pudor y se subió la manta hasta el cuello; notó que él hizo lo mismo.

—Disculpe mi torpeza, hacía mucho tiempo que no... —susurró la voz cansada y hermosa—: No lo hacía desde antes de mi matrimonio.

—¿Y hace cuánto se casó?

—Nuestro hijo tiene once años.

—Es usted muy paciente —contestó. Sentía los muslos muy húmedos.

—Es que mi esposa está dedicada a él. El niño es muy especial, un milagro de Dios.

—Sí, debe serlo.

—Usted no lo entendería, nadie lo entiende. Es un asunto de fe.

* Publicado originalmente en *Caravelle, Cahiers du monde hispanique et luso-brasilien*, núm. 74, Toulouse, 2000, p. 257.

—Y la fe mueve montañas —respondió ella sin cortesía.

—No es usted muy religiosa.

—Soy prostituta, ¿no lo ha notado?

Era un hombre vigoroso aún y disfrutó mirarlo, tocarlo; además sus manos intuían cómo trabajar el cuerpo de una mujer. Lástima que perturbara el momento hablando de su esposa y su maravilloso hijo.

—Vístase; otros clientes esperan —exigió, dándole la espalda.

Al salir, sobre la mesa en la que descansaba el cántaro de agua, José dejó a María Magdalena unas monedas más de las acordadas.

Ricardo Silva Romero

ENFERMO TERMINAL

EL CUCHO

HITCHCOCK

NACIÓ EN BOGOTÁ EN 1975. Es profesional en Estudios Literarios de la Pontificia Universidad Javeriana y Master en Cine y
Televisión de la Universidad Autónoma de Barcelona. Ha publicado el libro de cuentos *Sobre la tela de una araña* (1999),
Los poemarios Réquiem (2000) y *Terranía* (2004), *La biografía Woody Allen: incómodo en el mundo* (2004), la página de
Internet *www.ricardosilvaromero.com* (2002) y las novelas
Relato de Navidad en la Gran Vía (2001), *Tic* (2003) y *Parece
que va a llover* (2005). Varios de sus cuentos han aparecido en
antologías nacionales y en revistas de circulación internacional. Igualmente, es autor de numerosos artículos en periódicos
y revistas nacionales como *Semana, SoHo, El Malpensante* y
Gatopardo.

Enfermo terminal*

CUANDO LE LLEGA SU TURNO para hablar dice "soy Miguel, soy alcohólico" y todos aplauden: eso se acostumbra a hacer cuando alguien reconoce su desgracia frente al grupo. Todos aplauden y dicen "hola, Miguel". Entonces él anuncia que está nervioso, que es su primera vez en Alcohólicos Anónimos, y que necesita contar su primer día sin probar ningún trago. No sabe si hablar de su vida, o de ese día. No sabe qué hacer ni cómo ni en qué orden hacerlo, y le preocupa lo que sigue porque piensa que el orden de los factores sí altera el producto.

Dice que su vida ha sido normal. Sus papás fueron un desastre, como los de todos. Su cuarto, el de ahora, se parece al cuarto de Van Gogh porque hay espacios tristes y en silencio. Como en la canción, su colegio le enseñó mil porquerías y, sin embargo, piensa. Su Universidad es una especie de recuerdo borroso en el que sólo se aparecen con claridad algunas palabras que hoy le parecen especialmente detestables. "Univocidad", "devenir" y "posmodernidad", por ejemplo. Su vida ha sido normal. Esto significa que podría haber sido peor, pero que al

* Publicado originalmente en *Sobre la tela de una araña,* Bogotá, Arango, 1998, pp. 23-36.

menos no tiene un lunar inmundo en la barbilla como el de un centímetro de diámetro que su tía Graciela tiene cerca de la nariz.

Cree que su descenso a los infiernos, su mal momento, comenzó en los límites de su edificio. No habla de malas compañías sino del escenario en el que él fue su propia mala compañía. Eso le gusta, le suena bien: su propia mala compañía. El edificio donde vivía era un edificio de clase media, con tiendas y perros y niñitos. Todas las mañanas lo despertaban los pajaritos desesperantes que se paraban sobre las ramas de un árbol que había junto a su ventana. Se refiere a que era un edificio lleno de lugares comunes. Tenía los típicos futbolistas, y la típica solterona que odia a los niños. El edificio era una especie de la "vecindad del Chavo del Ocho",* con todo lo que eso implica. Claro que no había nadie comparado con el Chavo, porque está hablando de un edificio para gente de clase media, casi alta. Además, si uno no es latinoamericano no entiende muy bien lo del Chavo del ocho y la señora del fondo tiene cara de sueca.

En todo caso, nadie se mudó, no hubo ninguna novia, ninguna mujer espectacular que se mudara y le cambiara la vida: él mismo, él solo, decidió que quería probar el trago. Los tragos. Y lo peor es que recuerda que no le gustaba el trago. Que no le gustaba para nada. Ni un poco. Y que, sin embargo, tomaba. Quería explotar, o lo que fuera. Ya casi terminaba la Universidad. Pero no había nadie obligándolo, ni retándolo. El solito. El tomaba.

Ahora se amarra los zapatos. Quiere que todo eso quede claro: su mamá fue amable y su papá lo mismo. Discutían sobre la política del momento, como todos. Eran los papás me-

* Se refiere a la serie de televisión mexicana. [E.]

nos extraños posibles. Ninguno era alcohólico, ni nada. No había pasado nada raro con ellos, o al menos nada que él supiera, aunque, cuando tenía diez años, su papá le pegó, le pego a él, le pegó una cachetada con tanta fuerza, que le dejó marcados en la cara un par de dedos: ese es el único rastro de violencia, lo único que le reprocha. Además, ese día lo descubrió llorando, a su papá, susurrándose que eso no podía seguir así.

De eso se acuerda: de la imagen de su papá, en la bata de los domingos, asomado en la gran ventana de la sala. Los domingos oía ópera, el papá. Y Miguel no cree que entendiera lo que decían. Lo que decían las óperas. Sino que a su papá le fascinaba el temblor de las voces y los instrumentos. Claro que el temblor podía haber sido culpa del tocadiscos que se dañaba un poco todos los días. El tocadiscos era malísimo.

En todo caso, tomaba trago a escondidas de sus amigos, de sus papás, y hasta del portero, que en ese tiempo era don Alfredo (y por la noche Manuel). Y así fue hasta que comenzó a trabajar. Logró graduarse de la Universidad: estaba sobrio en los exámenes finales y siempre había sido estudioso y cumplido. Tenía amigos en la Universidad, claro. Carolina, que parecía muy querida. Y que, en chiste, le decía todo el tiempo que él tenía una vida secreta muy rara. Y él, el pobre, no tenía a la mano nada secreto diferente de las botellas. Ahora que lo piensa, habría sido bastante fácil ser un tomatrago abiertamente. En la Universidad, todos salían a ahogarse en cervezas y toda clase de porquerías cada vez que podían. Habría sido fácil emborracharse con ellos. Pero no: él sentía que su alcoholismo era su vida privada, que era intocable. Su alcoholismo era su secreto y nadie podía quitárselo. Era como arrebatarle a un hombre los momentos secretos con su esposa, o con sus hijos. Para él. Eso era para él su alcoholismo.

De todas formas, había conseguido un gran trabajo. Después

de salir de la Universidad, como dicen, le llovieron todas las ofertas posibles. Y es que, claro, nadie sabía en realidad de su enfermedad. Su mamá estaba demasiado preocupada con sus propias miserias y su papá estaba en la crisis de los cincuenta, y era fácil ser alguien sin que nadie lo sospechara. En la Universidad nadie se detiene a pensar en nadie. Y los que se acercan se alejan inmediatamente. Así que no es demasiado grave. Sabe que un par de niñitas de buen colegio hoy en día lo creen una especie de loco degenerado. Que lo veían con las gafas oscuras, después de una borrachera y hacían como si él fuera uno de esos tipos que se ponen una gabardina sin ropa debajo y se abren el abrigo cuando una niña pasa. Quiere decir que la gente lo cree a uno un degenerado, o una especie de loco, incluso una especie de osito cariñosito, o lo que sea, cuando uno no se adapta al grupo. Si uno no se adapta al curso a la oficina es encasillado: el loco, el tierno, el raro, el bobo, el genio, el que sea. Es su forma de ver las cosas. Y en la Universidad él era lo que llaman un desadaptado. Una especie de profesor de matemáticas. En la Universidad se humilla a los desadaptados, eso es lo que quiere decir. En la Universidad se aísla a los desadaptados. Y todos son desadaptados.

Dice que cuando entró a trabajar se dedicó a tomar hasta en la oficina. Y que no pasó mucho tiempo ahí cuando ya todos murmuraban cuando lo veían. Y lo peor de todo es que él oía todo lo que decían. Todo es todo. Uno siempre oye los chismes que echan sobre uno. Eso dice Miguel. Que oía todo lo que decían sobre él. Es que ya era demasiado evidente que él era un borracho. Todos lo sabían. Los únicos que no sabían eran sus papás, que ya no vivían con él porque habían decidido independizarse. Ya estaban muy grandes para seguir viviendo con él. Es un chiste. Hay que reírse, así sea sólo por cortesía. Eso dice Miguel. Que se rían por cortesía.

Vivía en el apartamento de siempre, entonces. Tenía un par de cuartos y un estudio y casi ningún mueble porque sus papás se habían llevado los que eran de ellos. Su papá se había ido a vivir a Berlín, a Alemania, y su mamá a España, y él se había quedado en el apartamento de siempre. El 702. Edificio *Cuarto Creciente*. Tomando trago. Haciendo poemitas rarísimos.

¿De qué estaba hablando?

Del trabajo. De que todos habían notado en el trabajo que él vivía borracho. Hasta María Fernanda, que era una de las del trabajo. Una de las abogadas. Él es abogado. Estudió derecho. Y todavía no entiende por qué lo hizo. Dice que entró a estudiar y a trabajar sin saber por qué hacía todo eso, pero dice que lo que importa es que todos sabían que él no hacía más que tomar cerveza y aguardiente. Y dice que María Fernanda le dijo una vez. Le dijo que lo veía mal. Le preguntó qué le pasaba. Y él le dijo que nada, que no sabía. Se acuerda de que lloró un rato. La primera vez que lloraba por ser alcohólico. Porque es diferente ser alcohólico en secreto. Es más fácil. Eso cree él. Uno no es consciente de la imagen que proyecta. Y a eso se refería María Fernanda. Que era una de esas personas que uno quiere ver.

María Fernanda.

Verla, simplemente. No sabe si a alguien más le pasa eso. Eso que uno tiene a alguien como alguien en potencia, pero que no quiere que se haga realidad. O que no sabe si quiere tener una aventura, o algo así. Pero que en todo caso uno siente que uno no está tan mal y que le gusta a alguien y que alguien lo puede querer. John Lennon dice en una película que la gente siempre lo ha encasillado como el bocón, o como el genio, o como el que habla demasiado, pero que él lo único que quiere es que lo quieran. Y Miguel cree que eso es lo que él quiere. Que lo quieran. Y, claro, sabe que él no es John Lennon.

María Fernanda.

María Fernanda le aconsejó someterse a las reuniones de Alcohólicos Anónimos. Pero es que habían estado viéndose y siendo más o menos amigos cercanos. Y él se había tomado la laca del pelo* de ella en un arranque de esos que nos dan. Ella no se dio cuenta de eso nunca, afortunadamente. De lo de la laca. No había vuelto al trabajo porque había comenzado a cometer errores y le habían pedido la renuncia. Y él dice que renunció porque no le interesaba trabajar. Ni nada. A veces piensa que había aceptado trabajar sólo por el placer de renunciar. Pero eso le suena muy al *Lado oscuro del corazón* y él detesta esa película. Piensa que aceptó trabajar para hacerse amigo de todos y después sentir esa extraña satisfacción que produce separarse de todos, deshacerse de todo lo que sobra. Se refiere al placer de renunciar. Cree que por eso accedió a venir a la reunión de Alcohólicos. Claro que María Fernanda se lo propuso hace casi un año. Eso fue hace más o menos un año. Lo de la renuncia. Y María Fernanda no lo aguantó sino unos meses más. Pero la cree una santa. Porque hay que ser una santa para aguantarse a un tipo que toma en plena época de oferta y demanda: María Fernanda tenía unos veinticinco y él unos veintitrés, pero ella quería casarse y de eso hablaban todo el tiempo. Claro que no quería casarse necesariamente con él. Ni siquiera tenían una aventura. Era esa cosa en potencia de la que hablaba antes. No le estaba insinuando nada. María Fernanda. Sino que estaba en la etapa de su vida en la que quería que la cuidaran y que la quisieran. Aunque eso suena a todas las etapas de la vida. Y ahora se le ocurre que, desde ese punto de vista, uno de los caminos para que a uno alguien lo quiera es tener un hijo. Porque un hijo, si uno es mujer, vie-

* Sustancia líquida que se utiliza para dar forma estable al cabello. [E.]

ne de uno mismo. Es una especie de extensión de uno. Como un bracito psicológico que lo admira a uno. Es su opinión, en todo caso. Y dice que tampoco deberían creerle mucho, porque hoy se siente deprimido, y uno puede lanzar los juicios más duros, y decir las frases más deprimentes y pesimistas posibles, y al otro día pensar diferente. Y es que las cosas están muy mal, dice. Esta mañana oyó que un profesor de la ciudad había anunciado suicidarse. Y que lo había anunciado en público. Por Dios. En público. ¿Qué efecto puede tener un anuncio de esos sobre la gente? Terrible. Qué horror. De pronto comienzan a enterarse en otras ciudades de otros países y otros planetas. En cualquier momento.*

Pregunta en qué iba.

En que entonces lo echaron del trabajo. Y llegó a tomar laca, cuando no le habían pagado el sueldo. Y comenzó a no pagar la luz ni el agua. Ni el teléfono. Más o menos se desconectó con todo, de todo. Dormía todo el día y vendía los muebles que le quedaban para poder tomar. Empeñó una cantidad de recuerdos: él lo ve así. Empeñó el baúl de su abuela. La guitarra que le había regalado su tía, donde había sacado *In my life,*** como si fuera un símbolo de lo que le había pasado. Había sacado una cantidad de canciones de John Lennon con esa guitarra. Hasta *Grow old with me,* que pensaba que se la cantaba a Juanita, la especie de novia de la Universidad. Cómo le parecía de estúpido eso. Ahora, claro. Antes no. Estúpido decirle a una desconocida que quería envejecer junto a ella. Pensaba que le cantaba eso a Juanita, pero ahora le parece que se lo cantaba a él mismo. Él se quería casar con él mismo. Pero

---

* Esta afirmación alude a la historia del primer relato del libro de donde proviene este cuento. Es una estrategia que el autor usa a lo largo de todo el libro: aludir a situaciones de otros cuentos. [E.]   ** La canción de los Beatles, grupo inglés que al parecer admira el personaje. [E.]

no podría explicar bien eso, porque no se trata de egoísmo, ni de nada. Sino como de una duda muy rara.

Vender las cosas.

Dice que vendió todo lo que tenía hasta que se quedó sin ningún disco, sin la guitarra, sin los libros, sin nada. Él y el 702 vacío. Cuando se tomó toda la casa, salió a la calle. Y comenzó a tropezarse con todo. Pero no iba al sur porque de pronto lo mataban.[*] Se quedaba cerca al Centro Comercial, que era relativamente cerca al edificio, porque el edificio queda en la treinta y pico con Versalles. Una noche durmió en el Centro Comercial. Cerca de donde era *Whitie & Blackie,* en el segundo piso, donde hay como un pasillito. Ahí durmió. Cerca a una cosa que se llama *Todohogar,* que no sabe si todavía existe. Que venden como cosas para la casa y juguetes. Ahí durmió. Esperó que se fueran todos y se acostó. No se había bañado en días y sólo tenía esa ropa que tenía puesta. No le asustaba encontrarse con nadie porque nadie lo reconocería.

Durmió en todos lados: en la dieciséis, que era buen sitio porque había trago. Durmió en el garaje del Bienvenido, el Centro Comercial del occidente. Durmió en un Supermercado, en Rubenes, que queda como en la cien con Erlöser. Con los desechables. Con los indigentes. Y tuvo un amorío con una. Se acostó con varias de esas. Eso lo hace casi que llorar. Porque después, hace unos días, tuvo que mirar si tenía sida. Y afortunadamente no tenía. Dice que si quieren acostarse con él que entonces no hay ningún problema. Y se ríen Mireya y Luz Marina, que ya son dos señoras serias. Y que lo miran conmovidas. Y es que la historia no es horrorosa para los del grupo hasta este momento. La historia no es tan diferente a la de ellos. Y entonces conmueve.

* Se refiere al sur de la ciudad. Tratándose de Bogotá, esta alusión al sur

Un día volvió al edificio. Y cuando subía se encontró a María Fernanda timbrando en la puerta. Cuando salió del ascensor. Claro, los porteros lo miraron aterrados. En ese tiempo era uno que se llamaba Arlindo Garaché, pero que él le decía Lucho, tal vez porque Daniel Angulo, un amigo, le decía así. Intentó entrar al ascensor antes de que María Fernanda lo viera, pero ya era tarde. Lo vio y se puso a llorar. Miguel trató de actuar como si nada pasara. Trató de consolarla. O algo por el estilo. Cree que hizo un chiste. O que trató de decir algo inteligente. Pero ella no paraba de llorar.

María Fernanda no resistió un minuto más. Se fue. Y él descubrió que no podía entrar a su apartamento porque no tenía las llaves. Y se arrodilló. Como si lo viera algún dios. Como si pensara que todo era una película, dice. Como si esa fuera una escena importante en la película y la cámara subiera en una grúa. Y de verdad que sí fue una escena terrible. Muy dolorosa.

Miguel dice que hoy comenzó a trabajar en eso. En la ambulancia. Dice que se sentía bien porque pronto se purificaría y haría parte de una sociedad menos fascista e injusta, porque pronto tendría un verdadero Dios sobre sus hombros. Aunque sabe que suena un poco a película. Y un poco tonto. Como a discurso.

Se sentía muy bien de trabajar otra vez. Así fuera en una ambulancia. Se sentía muy bien. Pero dice que pasó una cosa: todo iba bien, había habido harto trabajito, hartos infartados, hartos viajes. Y todo iba bien hasta que recibió una llamada: el hijo de un senador se estaba muriendo porque se había tragado una ala de pollo, o algo así. GPGP. Ni pensar en *PresaRika*.* Él

expresa el imaginario de zona peligrosa que tienen los habitantes del "norte" de este sector deprimido. [E.]   * Nombre ficticio de un restaurante. [E.]

se fue en la ambulancia y dice que eso es impresionante ver cómo los demás carros se asustan y se mueven hacia los lados. Dice que llegó al sitio donde vive el senador este del que está hablando. Rosales. Subió al carro y lo recogió. Al niño. Y todo iba bien hasta que, por el espejo retrovisor, vio al papá del niño tomándolo de la mano. El papá le apretaba la mano al niñito. Iban en la parte de atrás de la ambulancia. Lloraban juntos. Se arrepentían de todo y juraban no volver a GPGP. Y todo iba bien hasta ese momento, porque ahí él empezó a llorar y a lamentar que nunca lo hubiera recogido una ambulancia, que nadie lo hubiera salvado y que ningún Padre con mayúsculas le hubiera sostenido la mano de esa manera. Y se dio cuenta de que no se había suicidado porque estaba esperando algo. Y en este momento cree que estaba esperando esta reunión. O algo.

El niño se murió. El niño se murió. Y dice que, después de superar la felicidad que le daba ver sufrir a un senador millonario de esos que lo habían abandonado a la suerte de su edificio, después de superar el cansancio de la primera jornada de su vida, sintió una tristeza de verdad profunda.

En este momento piensa en ese carro que no les dejó avanzar para llegar más rápido. En ese taxista asesino que, histérico porque la ambulancia se le había cerrado en la 72 con Versalles, los persiguió por la circunvalar para cerrarlos. Se acuerda de que lo consiguió. Se acuerda de que el taxista se les cerró a unas cuadras del hospital, cuando el niño perdió las esperanzas. Cuando el niño se murió. Y dice que él también las perdió en ese momento. Las esperanzas de que el niño se salvara.

Se amarra los zapatos otra vez. Nos mira.

Y dice que no se le ocurre nada más para decir.

El Cucho*

E L PARTIDO COMENZÓ hace cuarenta minutos, pero todavía van cero a cero. Los locales, como siempre, están acorralados. *El Cucho,*** que es el entrenador, el director técnico del equipo del colegio, el Gimnasio del Retiro, se muerde las uñas porque lo van a echar, porque el rector, presionado por el Consejo Directivo, ya no le va a aguantar que los chinos se dejen meter otro gol o que pierdan otro partido. Ésta es su última oportunidad.

Sí señor: esta vez tienen que ganar. Como sea. Este año el Gimnasio lo ha perdido todo: el concurso de bandas, las olimpiadas de matemáticas, el puesto en el escalafón de los mejores colegios de Bogotá. ¿También van a quedar por fuera de la segunda ronda del campeonato? ¿También van a ser humillados en su propia cancha? ¿Tendrán que reconocer que no sólo no les funcionan las cabezas sino que tampoco son capaces de usar las patas?

El Cucho cree que sí. O sea, está convencido de que ése, el del Gimnasio, es el peor equipo de fútbol que ha visto en su vida.

* Publicado originalmente en www.ricardosilvaromero.com.   ** Palabra muy utilizada en los colegios para referirse a los profesores, especialmente a aquellos de mayor edad. [E.]

Quisiera reírse de ellos en paz, en la comodidad de las tribunas, pero no puede porque es el entrenador. Los goleadores cabecean con los ojos cerrados, los defensas le pegan puntazos al pasto y los mediocampistas tratan de terminar una conversación que comenzaron en el recreo de almuerzo: ¿habría que agregar algo?

La suplencia está hecha de tipos altos, muy altos, que no entraron en el equipo de basquetbol y no les interesa comprar guayos. El arquero le tiene miedo al balón y acaba de perder el examen final de química y el crack del equipo, el jugador de quien depende la figura, el esquema, la estrategia, David Delgado, el hijo de Don Gonzalo Delgado, el respetado presidente del Consejo Directivo del colegio, sufre constantes ataques de asma y hasta el momento no ha tocado ni una sola vez el balón.

—Estamos jodidos —dice *el Cucho*—, habrá que pedirle puesto a mi cuñado.

—Profe, ¿qué hace su cuñado? —pregunta *el Chino* Morales, que es malo no sólo para el fútbol, sino para todo, para el estudio, la vida social, la familia, todo, y por eso, porque le inspira compasión y mucha, mucha lástima a *el Cucho,* se ha convertido en el asistente técnico del equipo.

—Tiene una cadena de ferreterías, chino,* y para que vea que no le va nada, nada mal —dice *el Cucho* justo cuando David Delgado, en la primera jugada que hace el equipo en todo el partido, en el contragolpe, se saca a uno, a dos, a tres, le hace una finta al arquero, y es derribado por un malparido** del otro equipo, porque, claro, esos niñitos de esos colegios ricos, como este, juran que una patada no importa y que uno no se raspa ni nada: ¡penal!, ¡penalti!, ¡juez!, ¡árbitro, papá!: ¡penalti!

* Expresión bogotana para referirse a un muchacho. [E.]   ** Expresión vulgar que en este caso es utilizada sin toda su carga semántica. Podría equivaler aquí a la expresión "tipo". [E.]

La banda de guerra toca, con rabia, el himno del Gimnasio del Retiro. El rector del colegio se abraza con los alumnos de último año. El profesor de filosofía, Londoño, sonríe con ironía. El árbitro, aterrado, dice que ahí no hay nada, que sigan jugando, y mira de reojo a las tribunas que avanzan un poco, como uno solo, como si se le fueran a ir encima a lincharlo. *El Cucho* se deja caer sobre la banca. Se afloja la corbata. Puede estar a punto de un infarto o de un gas, cualquiera de los dos: la angustia y la Coca-Cola le hacen daño.

—Perdón, chino —dice—, la Coca-Cola me infla la barriga.

—Fresco, profe: mi hermanita vive con amebas.

—¿Amebas?: ojo, chino, que ésas se pueden enquistar en el cerebro, ¿oye?

—No, no, no: amebas —dice *el Chino* y se pone a pensar en la posibilidad de que *el Cucho* no sea tan brillante como él cree.

Jaime Venegas, el capitán del equipo del colegio, famoso por sus paticas chiquitas, se lanza contra el inmenso defensa que cometió el foul no sólo porque Mateo Delgado es su mejor amigo sino porque habían quedado de ir a hacer rafting a Barichara este fin de semana, y ahora, que lo ve lamentándose en el suelo, dándose besitos en la rodilla, se imagina que habrá que cambiar de planes. ¿Qué será?: ¿cine en El Andino?,* ¿rumba en Chía?,** ¿el cumpleaños de la vieja del Marymount? ***

Los jueces de línea entran a la cancha para impedir la pelea. El árbitro, con los ojos rojos, como bolitas de carne cruda, se tapa la cara con las manos.

El Cucho y *el Chino* se meten al campo. Las trompetas de la banda de guerra tratan de tocar algo, pero todas se equivocan

* Centro comercial del norte de Bogotá. [E.]   ** Suburbio al norte de Bogotá. [E.]   *** Colegio al norte de Bogotá. [E.]

de canción y se quedan mirándose las unas a las otras. El rector del colegio le ordena a la tribuna que no se mueva, que no vaya a dar un paso más. El profesor de filosofía, Londoño, ayuda a controlar la situación.

—No nos vamos a dar en la jeta* por un partido de fútbol —les dice—: a ver allá, usted, tranquilo.

—¿De qué colegio creen que son? —les pregunta, con sarcasmo, el rector—, ¿del liceo Richard Nixon?

Los plays del curso, liderados por Lucas Peña, que tiene una avioneta espectacular y además sabe volarla, se ríen porque son tan, tan populares, que nunca habían oído hablar de un colegio tan lobo. La barra del otro equipo, que es la tribuna de un colegio masculino del norte (para decir verdad ha preferido no ser mencionado en esta crónica), provoca, con señales de la mano, la ira de los fanáticos locales.

—Bueno, bueno, a portarse como gimnasianos —dice el rector y señala a la hinchada del otro colegio—, que ellos pongan la grosería, que nosotros, mientras tanto, ponemos la decencia.

Mientras *el Chino* Morales separa a Venegas del inmenso defensa, del agresor, del capitán del otro equipo, que es un tipo de unos veinticuatro años que no habrá sido capaz de pasar cálculo en los últimos seis años y se habrá despedido de "su colegio querido" en los últimos seis anuarios, *el Cucho* se le queja con rabia al árbitro a pesar de que el juez de línea, que tiene la pantaloneta subida hasta el cuello, y manotea y manotea y manotea, le exige con palabrotas que vuelva a su lugar y no ponga problemas.

El árbitro se quita las manos de la cara. Y *el Cucho* descubre, entonces, que lo conoce de la guerra de Corea y que está llorando desconsoladamente, como un niño chiquito.

* Expresión que significa darse de golpes. [E.]

—¿Qué pasa, juez?, ¿por qué llora, hermano?

—La mamá se le murió esta mañana —dice el juez de línea.

El árbitro asiente y berrea. Es, desde ya, un recuerdo imborrable. Su mamá ya no está y todo el mundo, en la tribuna, se
empeña en recordársela. Pobre hombre de negro. *El cucho* le
quita el silbato de la boca para que no pite ahora, cuando *el
Chino* Morales impide que Venegas sea destrozado por el veterano defensa y el rector detiene, junto con Londoño, el profesor de filosofía, la rabia de las graderías.

David Delgado, el genio del equipo de fútbol del Gimnasio
del Retiro, está a punto de perder el conocimiento. Y, en medio de la pelea, al tiempo que sufre un intenso ataque de asma y su papá, el honorable miembro del Consejo Directivo,
entra a la cancha para salvarlo con un poco de *Ventilán*, sólo
puede pensar en la clase de filosofía, y en que Londoño, el
profesor, dijo que no había ninguna forma para probar que sí
existíamos, y que todo esto, la hinchada, el balón, incluso
el Cucho, podría ser parte de un sueño.

Pero si el mundo es una ficción, ¿por qué le duele la rodilla?, ¿por qué se queda sin aire?, ¿será que, como dijo Londoño, ha sido educado en el miedo y el dolor?, ¿puede ser que, como decía Platón, ya hace como cien años, o una cosa así, sólo
exista la idea, la idea del dolor, o la del miedo, o la del asma?,
¿puede ser que sólo tengamos la palabra "miedo" y la palabra
"palabra" y que tengamos que conformarnos con esos códigos y pretender que sí, de verdad, aprendemos el mundo?, ¿o
cómo era eso que decía el profesor esta mañana?

Queda poco de David Delgado. Ahora abre los ojos y ve a
Don Gonzalo, su papá, muerto del miedo. No, no está muerto.
Si lo estuviera, su papá estaría vestido de negro, como el árbitro malparido, y no oiría la torpe banda de guerra del colegio,
no, sino el desafinado coro de la iglesia. Aunque, si lo piensa

con cuidado, le encantaría que lo enterraran en el punto penal de la cancha. Con la banda de guerra y con todo. Con honores.

El Cucho, a unos metros, le pone una mano en el hombro al árbitro. "La vida debe continuar", le dice. El partido tiene que seguir y el equipo tiene que ganar. No puede perder el puesto. Esta vez no. La pensión, con el ácido úrico podrido, con la próstata de los setenta y tres años y la pierna tiesa de Corea, ya no le sirve para nada, y ya no es sólo que los dueños del apartamento lo estén presionando para que pague el arriendo ni que el amante de su esposa necesite un poco más para comprar aguardiente ni que le hagan falta unos pesitos para sostener a su única hija, "que resultó madre soltera" y ya ha acusado a tres inocentes de ser el padre, sino que, como si fuera poco, tiene que cancelar, como sea, una deuda de juego. Podría no pagarla, claro, pero quizás en el futuro necesite sus brazos y sus piernas para algo.

—Hermano —dice *el Cucho*—, ¿me perdona si le hago una pregunta?

—Yo no vi ningún penalti —dice el árbitro—: el pelao se piscinió.*

—Pero hombre, no, si ya no tiene una rodilla —dice *el Cucho*.

—Ahí no hubo nada —dice el árbitro sorbiendo los mocos—: se vuelven mañosos de tanto ver televisión.

—Claro que ésa no era mi pregunta —aclara *el Cucho*—, yo sé que usted ya no puede echarse para atrás, hombre, yo llevo en esto del fútbol no sé cuántos años: mi pregunta es si usted estuvo en la guerra de Corea.

—¿Por qué?

—Porque yo creo que usted es Atanasio García y yo creo que le salvé la vida por un pelo.

* Expresión del argot futbolístico que significa que el jugador simuló una falta. [E.]

—¿En Corea?

—En el avión: usted estuvo a punto de caerse y yo alcancé a cogerlo en el aire pero por un poquito y se nos mata.

—¿Usted es Ramiro Carranza? —dice como si regresara a la infancia.

—Tiempo sin vernos, ¿no? —dice *el Cucho*—: uno les salva la vida y después desaparecen.

—No, no diga eso —dice el lloriqueo del árbitro—: es que llega una cosa y la otra y uno se casa y la vieja resulta defectuosa, y la mami se le muere a uno, como ahorita, y los hijos se van y uno después, en pleno partido, sólo quiere morirse.

—Siento mucho lo de su mami, Atanasio —dice *el Cucho*—: yo sé que era la niña de sus ojos.

—Tan linda la vieja, ¿cierto?

—Hombre, no, yo no la conocí, pero usted hablaba de ella hasta dormido.

—¡Árbitro hijueputa! —grita Peña, el líder de los plays, los más populares del colegio, y entonces se hace el gracioso imitando a una especie de hincha paisa—:* comenzá el partido, papá.

—Lárguese —le dice el rector, que, pobre, al comienzo de su gestión insistía en que había que tratar bien a los muchachos, en que el colegio debía convertirse, de verdad, en un segundo hogar, y en que en vez de instruir tenía que educar, pero ahora, seis años después, está convencido de que hay que coger a esos malparidos hijos de papi por el cuello, y zarandearlos y hacerlos poner de rodillas para que pidan perdón por lo estúpidos que son y lo detestables que pueden llegar a ser: no quiero volverlo a ver.

* Un hincha paisa es un aficionado al fútbol que proviene de Medellín, ciudad de Colombia. La expresión se usa aquí porque estos aficionados son conocidos por sus particulares modos de animar a su equipo. [E.]

—¿Y entonces por qué mejor no se va usted? —le dice Peña.

El auditorio emite un "oh" colectivo y se queda callado. El rector mira al suelo, a su zapato desamarrado, y piensa que debería irse a vivir a otro país, o poner un negocio, y desaparecer, o volverse informante de la guerrilla y comenzar por decir que los Peña tienen una avioneta espectacular. Y además saben volarla.

—Váyase, no sea insolente.

—Y si no, ¿qué?

—Ya, ya, Peña —dice el profesor de filosofía—: nadie lo va a aplaudir por dárselas de valiente.

—¿Y usted más bien por qué no se calla? —le dice Peña—, ¿no tiene ningún alumno para coquetearle?

Segundo "oh" colectivo. Los demás plays comienzan a molestarse con Peña. Ya no es chistoso: es ofensivo. El pobre profesor Londoño será medio amanerado, y se vestirá con sacos pegados al cuerpo, sí, pero no porque invite a los alumnos a tomar cafés a los lugares de moda, o porque los lleve de noche a conocer su apartamento y les haga preguntas privadas sobre sus costumbres masturbatorias, ahora va a resultar marica. Y si lo es, ¿qué? ¿No eran homosexuales Platón y Aristóteles?, ¿no iban los griegos por ahí, medio empelotos, hablando de si somos más reales que nuestras propias sombras?

—El lunes lo espero en mi oficina a primera hora —dice el rector—: si no va, considérese expulsado del colegio.

Si no se reanudara el partido, si *el Cucho* no animara al árbitro a continuar el juego, seguro que Peña, que ahora se ríe de las amenazas del rector, y se mete el dedo índice en la boca como diciendo que en cualquier momento va a vomitar, armaría una tragedia.

—Profe, ¿usted ya se conocía con el juez? —pregunta, en la otra orilla de la cancha, *el Chino* Morales.

—Nos conocíamos de la guerra.

—¿De Corea?

—De Corea, chino, de Corea, pero ahora vaya, reúna al equipo que tengo que hablar una vaina aquí con el juez, con Atanasio: estimúlelos, mentalícelos, métales cojones.

—Listo, profe, gracias —dice *el Chino* y corre porque para él esto es un mundial, una oportunidad de la vida. El árbitro, que está muy triste, pero no es bobo, le pide al juez de línea, con un gesto simbólico, que declare finalizado el primer tiempo. Y así lo hace. Y la tribuna, consternada, se desgrana en unas doscientas personas. Y tienen hambre.

—¿Y Atanasio cuándo salió de la cárcel? —pregunta *el Cucho* así, como si nada, como al mismo aire del pobre juez—, ¿no que tenía que estarse como treinta años?, ¿eran treinta o cuarenta?

—Yo no le toqué ni un pelo a esa niña —dice el árbitro y le da un beso a un círculo que arma con su dedo gordo y su dedo índice—: Dios es mi testigo.

—Hombre, lástima que mi Dios no haya declarado en la indagatoria —dice *el Cucho*—: Atanasio se habría salvado de la cárcel y se habría evitado la fuga de hace tres meses.

—¿Cuál fuga?: yo no le hice nada a esa pelada.

—Hombre, tranquilo, mucha gente ha estado en la cárcel —dice *el Cucho*: nunca se le había pasado algo tan horrible por la cabeza—: tranquilo que yo no voy a decir nada, yo sé cómo son esas niñas cuando están en los colegios, yo sólo quiero que ninguno de los dos, ni usted ni yo, perdamos el puesto.

El árbitro abre sus ojos crudos. Él no ha hecho nada malo y quiere mucho a su mamá. Ésa es la frase que le pasa por la cabeza.

—Usted sabe que yo siempre he estado listo a salvarle la vida.

—Yo sé, yo sé —dice la sabiduría del árbitro—: no se preocupe.

—Gusto de verlo, Atanasio.

—Lo mismo digo, Ramiro.

Y *el Cucho* no se voltea a mirar al árbitro ni una sola vez mientras camina hasta donde está el equipo, que ahora se burla del discurso, plagado de lugares comunes, que ha emprendido *el Chino* Morales.

—Bueno, bueno —dice *el Cucho* al tiempo que saca un recorte de periódico del bolsillo de su chaqueta de cuadritos con parches de gamuza en los codos—, dejamos la rochela* y nos concentramos en jugar un poquito de fútbol. Es que yo no sé qué es lo que les pasa. ¡Puta!: ¡tiene más garra un anca de rana! Es que hasta yo les estaría dando sopa y seco a esos vergajos.

—Pero *Cucho,* ¿no ve que nos están jugando sucio?: metieron al huevón ese en la defensa y casi me mata.

—Pero claro que nos están raboniando, Delgado, claro, hasta su taita creyó que me lo habían matado, y todo, pero yo sí le digo una cosa: aquí donde me ve trabajé en un taller, fui a Corea, jugué en las inferiores del Santa Fe, tuve un restaurante y quebré, alcancé a hacer una hija y me duele un jurgo mear, pero a los setenta y tres todavía se me para cuando pasa una muchacha en minifalda y todavía pongo los pases como con la mano y los goles en donde el carpintero puso la escuadra. Y usted tiene cuántos, ¿diecisiete?

—Diecisiete.

—Y hombre, nada, nada de nada por ahí.

—No le entiendo, *Cucho.*

—Que parece un mariquita, Delgado, un mariquita: ¿ya se le acabó el aire?, ¿quiere que el cacorro de filosofía le haga respiración boca a boca?

El equipo se ríe. *El Cucho* los mira, uno por uno, y piensa,

---

* Expresión muy bogotana que significa dejar el alboroto. [E.]

con cierta ternura, que al final son como unos hijos de mierda que nunca tuvo. Delgado sabe que el entrenador no ha querido ofenderlo, y que lo que le está diciendo es, en realidad, que todos dependen de él. Que tiene que jugarse el partido de la vida y salvarle el puesto porque ni su papá, ni el rector, están dispuestos a perder otro torneo. Es la última oportunidad.

—Pero si ni siquiera tenemos pruebas de que existimos —dice Delgado—, entonces, ¿para qué nos matamos jugando?

—¿Qué?

—Pruébeme que existimos, *Cucho:* deme una prueba de que esto sí es la realidad, de que no somos un programa de computador, o una obra de teatro montada por un dios maligno.

—Mierda: este se enloqueció.

—¿Usted dice como en *The Matrix?* —pregunta *el Chino* Morales. Los demás, claro, han perdido el interés porque, existamos o no, habitemos o no un juego de PlayStation, la verdad es que ahí, mírenla, viene una vieja espectacular.

—Exacto: como en *The Matrix.*

—¿Usted la vio, profe?

—No, chino, no: yo me quedé en *El último cuplé.*

—*Cucho:* dígame que no se ha puesto a pensar nunca que de pronto todo es un sueño.

—Es una pesadilla —dice *el Cucho*—: si fuera un sueño, iríamos ganando.

—En serio: no hay ninguna manera de probar que esto no es una ficción, y si lo es todo depende de que queramos jugar el juego.

—Pero yo pienso, yo como, yo tengo hambre —dice *el Chino* Morales—: ¿eso no cuenta para nada?

—Para nada: alguien nos está engañando.

—Pero entonces nada tiene sentido.

—Nada.

—Todo es como una película.

—O como un partido de fútbol —dice *el Cucho*—: como este picadito,* y vamos a ganarlo, eh ave maría, y vamos a sudar esa camiseta y a correr hasta los fueras de lugares.

—Pero si todo es un juego, no hay necesidad de inventarse otro: perder o ganar da lo mismo.

—No, chino, no: hay que ganar —dice *el Cucho*—. ¿O es que se les hicieron así?, ¿ah?, ¿se aculillaron?, ¿me van a venir a mí con pendejadas?, ¿saben qué tengo aquí?, ¿en la mano?, ¿no?

No, no saben.

—Este es mi horóscopo, el de leo, ¿quieren que se los lea?, ¿no?, ¿sí?, ¿les da lo mismo? Pues dice "siempre piensa en los demás pero hoy necesita estar en primer lugar: darse gusto y hacer los viajes aplazados. Se guiará por la intuición, hará los cambios que ésta le indique y se relacionará con las personas que sienta próximas. Gracias a su intuición, antena en tierra, encontrará también una forma segura de invertir su plática. Con su intuición de zorro de monte podría pronosticar resultados electorales o partidos de fútbol". ¿Partidos de qué, chino?

—De fútbol, profe.

—No de tejo ni de basquetbol ni de tenis, ¿cierto?

—No señor: de fútbol.

—Eso es: aquí hay un zorro, uno que sabe más por viejo que por diablo, y eso soy yo, que existo, que todo el tiempo siento agrieras, y que voy, y hago la fila, y pago la cuenta de luz, que existe, y aumenta, y no me vengan a decir que es un engaño de los sentidos, porque ahí el engaño es del gobierno, y sé que este es el momento, que no hay más, que o ganamos o ganamos, y si no ustedes pierden un recuerdo de sus vidas y yo el último puesto que me queda. Delgado: hay que jugar el juego,

* Juego amistoso. [E.]

métale huevos, póngale picante. ¿Quiere pensar que nada existe? Pues piénselo, mijo, porque qué más da. Da lo mismo. Si todo esto es un juego, una farsa, no hay que tener asma y lo que hay que hacer es jugar, ¿sí o no?

—Pero éste es mi último partido —dice Delgado.

—Lo que sea, mijo, pero despabílese, por Dios, despabílese: juegue por esa vieja —dice señalando a la mujer que camina por el borde del colegio—, por ese culo, por esa sonrisa, ¿usted tiene novia?

—Sí, *Cucho,* sí, qué importa.

—Hombre, importa mucho, ¿está en las barras?

—Sí, señor —dice *el Chino* Morales—: es ésa.

—¿Y no quiere zampársela?

—Bueno sí, no, no en esos términos.

—Entonces qué, ¿quiere que sea suya?

—Como sea, *Cucho,* da igual, qué importa.

—Hombre, importa mucho: si no quiere jugar porque no le ve el sentido a nada, juegue porque está quedando como un marica con su papá y con su novia.

El equipo dice que sí con la cabeza, como si estuvieran a punto de una batalla y el general les hubiera gritado un estupendo discurso para avivarlos, para enfurecerlos, para incendiarlos. El señor árbitro, cansado de todo, pita y señala el centro del campo para que comience el segundo tiempo. Y *el Cucho* los mira a todos y les dice, con un gesto, que su vida depende de esos cuarenta y cinco minutos. Que nunca antes el futuro de alguien había estado en unas patas.

—Yo veré, Delgado, yo veré.

—Fresco, *Cucho* —dice David Delgado mientras se levanta y recupera, con un par de movimientos, la flexibilidad—: si perdemos yo le digo a mi papá que fue mi culpa.

El Cucho sonríe. Así era él, como Delgado, cuando tenía esa edad. Irreverente, hábil con la zurda, metelón. Sí, así era: a veces quisiera ser más joven. Saber más por diablo que por viejo. Pero no, ya no, ya qué: casi siempre se siente muy bien, con todo y sus setenta y tres años, fuerte, como un toro, y nunca ha lamentado demasiado ser un viejo.

El Chino Morales está muy nervioso. No quiere perder a *el Cucho.* Lo ve ahí, con la corbata suelta, secándose la frente con un pañuelo de rayas, resoplando, escarbándose un poco la nariz, acomodándose en su lugar, y quiere ser su asistente técnico para siempre. Es su maestro. Nadie, en ese colegio, ha podido estimularlo como *el Cucho.* Nadie le ha dado tanta seguridad en sí mismo. Ni siquiera en primaria.

Y comienza el segundo tiempo del partido. Y el tipo de veinticuatro años, el peligroso defensa del otro equipo, se le pega a David Delgado como un guardaespaldas y no lo deja moverse, ni respirar, ni nada. Y entonces *el Cucho* cierra los ojos y se dedica a oír los insultos de las barras, los regaños del rector y las exclamaciones de *el Chino,* que le recuerdan, vagamente, a las de Robin, el compañero de Batman, en la serie de los sesenta: "santas termitas, *Cucho".*

Van a perder. *El Cucho* abre los ojos y allá va, por la derecha, un pase al fondo. Y un delantero del otro equipo, que corre y corre y corre, está a punto de centrar el balón. Y lo hace. Y el tipo de veinticuatro años llega y cabecea tan duro que parece que le hubiera pegado con la pierna. Y el arquero, aterrado, cierra los ojos. Y es gol, Dios mío, y eso deja el marcador uno a cero —o cero a uno, mejor— cuando queda media hora para que se termine el partido. Y a *el Cucho* ni siquiera le sirve empatar. No, no puede. Tiene que ganar porque, de lo contrario, saldrán del torneo. Del único campeonato en el que son locales. De la competencia que ellos mismos organizan.

Hay que hacer algo. Hay que mover esta vaina. Se quita la

chaqueta de cuadros, se la entrega a *el Chino* Morales, que la dobla con cuidado y se la cuelga en el antebrazo, como una mamá de los cincuenta, y se saca la camisa del pantalón y, bajo las risas de la tribuna de los plays, la angustia de los de la suplencia y el desprecio de las barras del colegio oponente, comienza a gritar todos los dichos que se sabe.

—Pica más un arequipe —le grita a David Delgado—, ahí, por la misma, por la misma, vaya, vaya, ¡no, no: eso es mucha maleta!

Delgado, bajo la mirada de su papá y la boca de su novia, le pide a Dios, si acaso existe, si no hace parte de la farsa o si de pronto la dirige, que le quite el asma, que lo deje correr como un carterista, como un raponero, como un hampón, que le de piernas para sacarse a este, y al que viene, y para hacerle el pase a Venegas, que lo acompaña a un lado, pero entonces, cuando su amigo va a patear al arco con todas sus fuerzas, el mismo matón de antes, el veterano de mil batallas, se lanza, con rencor, contra su tobillo.

A la tribuna le duele más. Los populares gritan, como un coro gregoriano, sílaba por sílaba, la palabra "malparido". El rector, molesto, le dice a Don Gonzalo Delgado, el presidente del Consejo Superior, que no puede creerlo. El profesor de filosofía, Londoño, está paralizado como si a él le hubieran dado la patada. *El Cucho* escupe a unos centímetros del zapato de *el Chino* Morales y se lanza a la pista atlética para defender a sus muchachos.

—Que ese penal quede en su conciencia, juez —grita *el Cucho*—, que se lo lleve a la tumba.

El árbitro señala el punto penal, se da la vuelta y le pica el ojo a *el Cucho*. No podía ser más descarado, es cierto, pero ese gesto, esa milésima de segundo en su vida, le devuelve el alma al cuerpo al entrenador.

Claro que ahora hay otro problema. No uno, dos. Primero,

Venegas no puede levantarse del dolor y un grupo de suplentes, comandados por *el Chino* Morales, lo sacan, alzado, de la cancha, mientras le dice a Dios que no, que no es justo, que ahora ni siquiera va a poder ir a cine al Andino, ni al rafting, ni a la fiesta, ni a ni mierda.

—Qué chanda —grita—: qué empute, marica, qué mamera.

Y, segundo, el profesor de filosofía, Londoño, ha bajado al campo y está hablando con Delgado y seguro que le está metiendo más pendejadas al pobre en la cabeza. No le gusta para nada esa amistad. Donde él le hubiera dicho a uno de sus profesores del Liceo que el mundo era una farsa o que nada tenía sentido, seguro que le habrían volteado la cara de una cachetada.

—Delgado, hombre, métase al campo a cobrar —le grita *el Cucho*.

—Sí, Delgado —grita Peña, el rey de los plays, con todas sus fuerzas—, no sea promiscuo.

Los plays se ríen, sí, aunque parece que no supieran muy bien cuál es el significado de la palabra "promiscuo", pero Londoño, el profesor, no resiste más y se dirige, como un asesino, hasta las graderías.

—Cójanse la mano, frescos —grita Peña—, ahora hasta pueden adoptar.

—Cállese, Peña, ni una palabra más —exige el rector.

—Sí, cállese —dice un sublevado.

Y ahí viene Londoño, dispuesto a darle su merecido. No soporta más los rumores de su homosexualidad. Ya tiene treinta y cinco años, y esas cosas no deberían importarle, pero le enerva que los alumnos se rían a sus espaldas, que se burlen de él en los anuarios ("in and out: lo que ocurre detrás de Londoño", decía el último chiste), que no pueda ponerse en paz lo sacos y las camisas que le gustan ni las pulseras que trajo de la Sierra Nevada de Santa Marta. Si supieran. Si sólo supieran.

—Qué, ¿me va a pegar? —le dice Peña—, qué man tan boleta.*

—Venga, venga a ver si es tan machito —dice el profesor de filosofía.

—Machito sí soy: no como otros.

Y todos, en la tribuna, se quedan pasmados. El rector va a ponerse en el medio, pero Don Gonzalo Delgado, el presidente del Consejo Superior, lo toma por el brazo y le sugiere con una mirada que no es buena idea que se meta, que a veces lo mejor es dejar que ocurra la pelea. Peña lanza un puño con el pulgar adentro y los ojos cerrados que se rompe contra un hombro. Londoño le tuerce el brazo y lo obliga arrodillarse. Y entonces le da una patada en el estómago.

—Ahora sí: ¿quién es un marica?, ¿quién?

—Usted.

—¿Quién?

—Yo, yo, yo.

Londoño lo suelta, y Peña, como Chuckie, el muñeco diabólico, que vuelve y vuelve y no se rinde ni se deja matar por nada del mundo, se lanza contra la espalda del profesor y le clava una rodilla en el omoplato. Londoño, malherido, se voltea, le da un cabezazo en la frente y lo escupe. Y Peña, que cree ver en el profesor a un monstruo, a un tipo que se ha convertido en Hulk, el hombre verde, se tapa la cara como si fuera a caerle un balón encima.

—Váyase —dice Londoño—, lárguese de aquí.

Peña mira al rector, a la tribuna, a alguien, pero nadie le responde. Prefiere irse antes de llorar.

—El lunes lo espero en mi oficina —le dice el rector.

—Espéreme a mí, a mis papás y a mis abogados.

---

* La expresión se usa para significar ponerse ingenuamente en evidencia. [E.]

—Venga con el que quiera, pero venga.

El Cucho recuerda, de pronto, que están en un partido. Y que hay que meter a alguien en vez de Venegas. El problema es que ninguno de los de la banca tiene guayos, y que el lesionado, Venegas, tiene los piecitos chiquitos. ¿Quién podría jugar?, ¿quién?

—Profe: podemos ganarles con diez —dice *el Chino* Morales.

Y a *el Cucho,* como en los cómics, se le enciende el bombillo: los pies de su asistente son diminutos.

—Chino: pruébese los guayos de Venegas.

—Huy, no, profe, qué asco.

—¿No quiere jugar?, ¿no quiere que el equipo gane?

—Sí, pero yo no juego muy bien.

—Usted es un berraco, chino: vaya allá y déjelos mamando,* pruébese los guayos y hágase su golecito.

A *el Chino* se le pone la carne de gallina. La frase, "vaya allá y déjelos mamando", redonda y conseguida, pasará a su historia personal como la que le dio la fortaleza para vencerse a sí mismo. Esa es la batalla. Le dice que sí con un gesto, se quita la sudadera de toalla y la suplencia descubre que Morales, el asistente técnico, siempre lleva el uniforme debajo de la ropa. Como un súper héroe. Listo a servir.

Se mide los guayos, y, como una cenicienta moderna, descubre que son exactamente de su tamaño. Están sudados, sí. Huelen feo, claro. Pero los van a llevar a la victoria.

Delgado cobra el penalti. Y, aunque el arquero se lanza hacia la misma dirección en la que va el balón, es gol, y las tribunas se abrazan, y *el Cucho* vuelve a respirar, y quedan veinte minutos para hacer otro gol y pasar a la segunda redonda.

El Chino Morales no se complica: hace los pases rápido,

---

* Expresión por: "Déjelos viendo un palmo de narices". [E.]

piensa en las soluciones antes de enfrentarse a los problemas, quiere que Delgado sea el centro del equipo y por eso siempre le está dando el balón. Pero el partido se enreda, y los del otro equipo, para quemar tiempo, botan el balón a cualquier parte. Y el reloj avanza. Y el juez de línea le grita al árbitro que ya va siendo hora de acabar. El árbitro, Atanasio, ex convicto y prófugo, siente que todo se va a ir al demonio. *El Cucho* ya se ve en la ferretería, detrás del mostrador, aguantándose los sarcasmos del pendejo de su cuñado. Londoño ve venir un futuro lejos de los colegios, lejos de todo. Y el rector ya se espera la demanda de los Peña, el regaño del Consejo Superior y la falta de respeto de los estudiantes.

El equipo trata y trata. Pero ya sólo quedan cinco minutos y nadie se atreve a mirar al campo. Y, cuando todo va a terminar, *el Chino* Morales le hace un pase a Delgado y Delgado se lo devuelve, y entonces se enfrenta, cara a cara, con el líbero de veinticuatro años, y, aunque nadie da un peso por él, *el Chino* logra hacerle un túnel al defensa e irse, solo, a enfrentar al arquero.

David Delgado viene por la derecha, marcado por dos, o tres, muerto del asma. *El Chino* simula que va a hacerle el pase y todos se dirigen hacia ese lado. Y logra, así, ir para el otro costado, sacar del camino al arquero y disparar, con todas sus fuerzas, a la cancha. Es gol. Es un golazo.

El árbitro levanta sus dos brazos como si la guerra hubiera terminado. No le importa que se den cuenta de su felicidad. Se ha salvado de la cárcel. Y no ha tenido que pitar otro penalti ni nada ni adicionar diez minutos de reposición. Celebra el gol como cuando era joven y todavía era feliz viendo partidos de fútbol. Ese dos a uno lo ha rejuvenecido por completo.

Todos se abrazan. Todos. La banda de guerra toca un pasodoble, los plays chocan las manos y el rector y Don Gonzalo

Delgado se estrechan la mano. *El Chino* Morales se abraza, por primera vez en su vida, con los del equipo, y ya tiene qué contar en su casa y cómo presentársele a las niñas de los colegios y qué pretexto dar para las pésimas calificaciones que obtiene. Corre por el campo y se levanta la camiseta a rayas del uniforme para que las cámaras, que no existen, vean un letrero que él mismo se escribió, con un marcador, en la franela: "Dios es gimnasiano", dice.

La barra del otro equipo se ha convertido en estatua. El veterano, rendido, saca un cigarrillo y se lo fuma en nombre de la derrota. El profesor Londoño se despide, desde lejos, de David Delgado. Y se va, lentamente, y para siempre, del Gimnasio del Retiro, del último colegio de su vida. Y aunque esa imagen es muy triste, porque nos deja la duda de qué sentirá el supuesto filósofo, de qué tipo de relación existía entre él y el crack del equipo, a cambio está *el Cucho,* dichoso, con una lágrima en los ojos, pensando que por eso, por este tipo de emociones, es que le gusta el fútbol.

—Ahora sí nadie nos para —les dice a los suplentes—: me pido darle el primer beso a la copa.

Se pone su chaqueta de cuadros. Se mete la camisa. Se arregla la corbata. Y sale, poco a poco, de la escena.

Hitchcock*

ITCHCOCK ENTRÓ EN LA SALA DE MONTAJE. Se sentó en su silla. La luz llovía desde el proyector, a través de esa niebla que se percibe en la oscuridad de las salas de cine, pero él prefería quedase quieto. Sobre la pantalla, en el medio de esa imagen mal sintonizada, las escenas tomaban las formas que su cámara había filmado. Por las ventanas de un edificio de verano pasaban: una pareja sin hijos que ha adoptado un perro, una bailarina acorralada por sus pretendientes, una enérgica pareja de recién casados, un pianista angustiado, un par de esposos de muchos años de casados, una solitaria con una flor en el pecho. En el edificio de enfrente, el actor James Stewart, en el papel de un fotógrafo con la pierna enyesada, resistía el calor de la ciudad.

Hitchcock sonrió: *La ventana indiscreta* había quedado como su cerebro la había concebido. Ahora sólo faltaba unir los trozos. No importaban los personajes, no importaba el argumento, no importaba la música. Importaba el film puro: la banda sonora, el montaje, los encuadres. Hacer cine era armar un rompecabezas con la vida en la cabeza. Y la nueva película, historia

* Publicado originalmente en *Sobre la tela de una araña,* Bogotá, Arango, 1998, pp. 75-100.

de un reportero gráfico que ha sufrido un accidente y debe reconocerse reducido a espiar a sus vecinos, era el mejor de los rompecabezas. Sí, en su silueta reposaban el asesinato, la sospecha, la investigación. Tenía todos los rollos en sus manos, los trozos de película estaban entre sus dedos. Ahora sólo faltaba unirlos para conseguir el cine: la vida sin las partes aburridas.

Hitchcock estaba un poco hastiado del proceso. Rezaba todas las noches, sin que Alma, su esposa, lo notara, a un dios que en realidad desconocía. Pedía no pasar días enteros en los castillos inmensos de los estudios de filmación. Pedía que la película fuera la película en el mismo momento en que las imágenes aparecieran en su imaginación, o en su memoria, o en su corazón, o en cualquiera de las máquinas que tuviera como función inventar sueños filmados. Pedía cada noche que sus historias, sus imágenes, sus sueños más secretos, pasaran puros a la cinta. No quería ver actores, no quería guionistas pretenciosos, quería su vida impresa en la pantalla. Sin intermediarios, sin jornadas interminables, sin discusiones con ignorantes convencidos. No tenía nada qué decir en el lugar de la filmación. Y se negaba a seguir en esa lucha por callarse.

La ventana indiscreta era, en verdad, la película que había soñado: se reía de sus personajes, los espiaba, les daba la posibilidad de volver a la vida. Pero ahí, en la sala de proyección, detrás de una de las escenas que él mismo había filmado, estaba a punto de descubrir un crimen de verdad. Sí, un triángulo de sangre daba la vuelta por un cuello. Sí, un crimen de verdad ocurría en la pantalla. Un hombre hundía un par de tijeras en la espalda de una mujer, en una mesita de un restaurante improvisado en la acera de enfrente, sin perder de vista la cámara, sin temblar como un asesino de los de siempre, sin ceder a las oraciones de la víctima. El señor Alfred Hitchcock, director de cine dispuesto a todo con tal de que no se le torciera la corbata, levantó la mano de inmediato y, sin decir ni una palabra, ordenó detener el proyector.

PIDIÓ UN TÉ. Se acomodó la corbata. Ordenó que se proyectara una vez más. Y, al ver de nuevo cómo el hombre tocaba el cuerpo de la mujer desde adentro del vestido, y después le enterraba las tijeras, dijo no estar contento con la escena. No funcionaba, dijo, no estaba bien filmar horrores por error. Pidió proyectar la secuencia unas mil veces: el hombre susurra algo a la mujer, desde la nuca, mientras ella inclina la cabeza hacia atrás, cierra los ojos y reconoce su propia boca; él toca su boca con su boca, abre la piel con sus dedos, recorre, por debajo de su blusa, cada rastro de la espalda; él vence, sin duda, la ropa interior que la protege; ella susurra para que un viento personal, mínimo, invada los poros de su propia nuca; la cabeza, la boca, los ojos, la espalda, la mano: la mano, punta a punta, se prepara para entregar la muerte.

Pero sólo Hitchcock se había dado cuenta de que los protagonistas de la escena estaban detrás, más allá de la escena. Sólo él, al parecer, había visto el asesinato. Nadie, en aquella sala de proyección, podía verlos. Cada vez que pedía repetir la proyección, se volteaba a ver si alguno de los que lo acompañaban notaban la escena de atrás, la del asesinato macabro, pero ninguno de los que ocupaban las sillas sala de montaje, ni la mujer, ni el hombrecito de gafas, ni el niño que le pedía algo a su madre, decía nada sobre aquel crimen. ¿Se estaba enloqueciendo?, ¿tantos años de cine le habían afectado el cerebro?, ¿sus nervios se escapaban a la sala de montaje? Los vio a todos de reojo: se aburrían a fuerza de ver, por enésima vez, la escena en que aquel hombre daba la vuelta a la esquina.

Se acomodó en el asiento. Pidió un té. Dijo que filmaría de

nuevo toda la escena sin que nadie, ni el gafufo, ni el niño, ni la señora, entendieran bien qué estaba pasando. Se levantó. Buscó su abrigo. Se dirigió a la puerta de salida, salió de la oficina, subió al carro en el parqueadero del estudio. Llegó pronto, como si las carreteras fueran un simple telón de fondo, hasta su casa. Su hija, Patricia, le dio un beso en la mejilla. Él le sonrió con paciencia, tomó un vaso de whisky y se sentó en la mecedora. Se quedó dormido casi de inmediato, listo a seguir con las imágenes, bajo la mirada de Alma, su esposa, que le apagó la lamparita al tiempo que le besaba los ojos. Hitchcock soñó, entonces, con aquellos trozos de película. Una voz le decía: Y la cabeza atrás nieve vencida la boca que se boca que se boca la espalda piel de vez que si se toca se abisma de erosión de absurda herida los dedos y la palma desvestida los ojos que de roca que de roca se vuelven piel de piel que se desboca por el mapa del cuerpo que se anida el montaje mujer el que describe el dibujo del dedo por la funda por el camino invierno por la punta el montaje mujer el que recibe las caricias de gruta y las de guerra se asfixia con el resto de la tierra.

Se levantó de la mecedora, en la noche, unas mil veces. Se sirvió unos mil tés durante la noche. Pensó, mientras se bañaba, que alguien, detrás de la cortina de la ducha, lo observaba: ¿y si lo siguieran?, ¿y si nada hubiera sido casualidad y alguien tratara de matarlo, o, aún peor, de enloquecerlo?, ¿y si hubiera perdido la razón al fin por culpa de tantas películas? Consideró, entonces, la posibilidad de que alguien hubiera planeado aquel crimen tal como se había llevado a cabo, que alguien hubiera pensado "el asesinato debe quedar filmado". Pero ¿para qué?, ¿con qué fin de túnel, polvo, sombra, insecto, nada?, ¿volverá, el asesino, a la escena del crimen?, ¿sabe que nosotros lo hemos filmado la última semana?, ¿trabaja en *La ventana indiscreta*?, ¿sabe que mañana volveremos a filmar?,

¿disfruta con mi miedo?, ¿es el demonio?, ¿es periodista?, ¿es un crítico de cine?

AL OTRO DÍA viajó al estudio, a la misma calle sin fondo, a filmar de nuevo la escena del pequeño restaurante. Raymond Burr, el actor que interpretaba a Lars Thorwald, el supuesto asesino, sólo tenía que darle la vuelta a la esquina. Una cámara escondida filmaría a los extras, como en la toma anterior, de la misma manera como se comporta la gente de la calle. Nadie entendía, en realidad, por qué razón el señor director, Alfred Hitchcock, quería repetir una escena tan poco importante. Nadie entendía qué defecto podía tener esa secuencia en la que un pobre hombre daba vuelta a la esquina para llegar al edificio en que vivía. No, nadie entendía. ¿Por qué perder el tiempo en eso cuando se ha terminado de filmar toda una película?

Raymond Burr se le acercó a Hitchcock. El director, sentado en su silla, levantó los ojos como si tuviera anteojos y lo viera por encima de los lentes. Le explicó que quería su forma más natural de caminar, mientras veía con sus binóculos la calle del frente como buscando cierto rastro, cierta prueba del crimen. Los luminotécnicos, el camarógrafo, los productores, los extras: todos le hablaban. Y, como él sabía que las palabras eran un ruido entre la verdad de las imágenes, se dedicaba a observar con su aparato cada mesita del restaurante improvisado en la acera. Entonces vio al hombre, al asesino, en la misma mesa en la que, días antes, había sido filmado. Ahí estaba: fumaba un cigarrillo con el codo apoyado en la mesa, leía una revista poco a poco, sin saltarse una sola página, y espera, sin ningún tipo de afán, el grito de "acción". ¿Era todo una broma?

Ordenó comenzar la filmación: hizo un gesto en el aire y Raymond Burr comenzó a caminar. El asesino, en medio de la filmación, sacó un telegrama de entre la revista, lo desdobló con muchísimo cuidado, siguió cada línea de la hoja, lo convirtió, con una sola mano, en una piedra de papel sin sentido, y después, sin perder la compostura ni un momento, lo leyó desde arriba hasta abajo para poder creer en sus palabras. Cuando el asistente de dirección gritó "corten" el asesino rompió la nota en pedacitos y la arrojó sobre un charco de utilería ante los ojos de Alfred Hitchcock.

Hitchcock ordenó que se imprimiera la escena como un emperador que le concede la vida a un gladiador a punto de ser devorado. Les dijo a todos "nos vemos mañana" y caminó, como si nada, como si se dispusiera a ordenar algo en el restaurante de mentiras, hacia la acera de enfrente. Se sentó en la mesa que acababa de ser abandonada por el asesino —¿en dónde estaba?, ¿quién era?, ¿por qué desaparecía así de su escenario?— mientras los actores, los técnicos, los vestuaristas emitían palabras, palabras, palabras. No le importó que lo miraran: recogió, con la frialdad de siempre, los trocitos de la nota que se mecían sobre el agua del charco. Subió al carro y, con las voces en el fondo de su viaje, volvió a la sala de montaje.

Terminó la edición de la película con la velocidad de la angustia. Quería dedicarse a pensar en el psicópata. Quería recuperar la escena del crimen, una y otra vez, hasta entender lo que estaba pasando. Cuando estuvo de nuevo en la sala de su casa, en la silla de siempre, sacó las partes del telegrama que el asesino había revisado mientras Lars Thorwald —o bueno: Raymond Burr— le daba la vuelta a la esquina. Unió aquel rompecabezas con el whisky en la mano. Y su versión de la nota decía:

Sabe. Necesito plata. Ahora que todo es Rápido. Te Puedo ayudar: quiero eliminarlo. Siento odio.

Hitchcock pensó, con horror, que todos los ojos lo seguían. "Quiero eliminarlo", decía aquel papel reconstruido. Y se referían, sin duda, a él. Y tenía que ser, el asesino, un miembro del equipo de filmación de *La ventana indiscreta* porque, si no era así, ¿por qué sabía que él sabía? Sólo alguien del equipo —alguien realmente cercano— podría saber que la cámara alcanzaba a ver el crimen. Sólo alguien en la sala de montaje podría saber, de primera mano, que Hitchcock sabía. Que había repetido, una y otra vez, la escena fatal. Tenía que ser alguien junto a él, el de la nota, tenía que haber respirado sobre los granos de imagen que viajaban por el aire oscuro de la sala de montaje. Tenía que haberse sospechado su sombra sobre la luz delgada del cuarto. Y eso, por Dios, era lo más horroroso: era un ser invisible que podía estar en el cuarto de al lado listo a eliminarlo a él, al pobre, triste e inmóvil testigo Alfred Hitchcock, que había visto todo y se moría de miedo. Vio su silueta de nube reflejada en la ventana y entonces dejó a su cuerpo dormir un rato.

Otras dos ideas lo atormentaban: la primera, menos constante en su cabeza, era la de la imposibilidad de que nadie hubiera notado su inusual preocupación por una escena tan sencilla; la segunda, que le hacía pensar en pájaros volando en círculos sobre su cuerpo, era la posibilidad de que todo estuviera planeado hasta el punto de que el asesino hubiera reaparecido precisamente el día en que volvía a filmarse la escena. No pretendía, con esa repetición, registrarlo de nuevo, pero al final lo había conseguido. ¿Algún técnico le había puesto la cita para que él lo descubriera?, ¿alguno del equipo de filmación le había enviado la nota? Alguien lo aterrorizaba. O alguien estaba desenmascarando al asesino. Se quitó su gorro de dormir y regresó a la sala de montaje para ver la nueva escena.

Apagó el proyector cuando se supo la secuencia de memoria. Encendió la luz y notó, en el suelo helado por la hora, alguien, que alguien había dibujado su silueta con la cinta que señala el lugar de los cadáveres en las escenas de los crímenes. Hitchcock se acomodó la corbata con la esperanza de que su garganta volviera a pasar saliva. Caminó hacia el lugar. Los cortes eran precisos, perfectos, de editor. Despegó, con cuidado, su silueta de cinta blanca. Pensó en la cara del asesino, en su primera cara de desahogo, en su segunda máscara de angustia, y, cuatro o cinco días después, decidió convocar a una proyección final de *La ventana indiscreta* para revisar todos los gestos.

SE SENTARON en la oscura sala de cine. La película fue proyectada. Y entonces Hitchcock sintió el codo de alguien apoyado en el borde de la silla, mientras el resto de su brazo fumaba. Se acomodó la corbata. Sonrió con temor. Se sentó mejor en la misma silla. Y el hombre —era el vestuarista: ahora lo reconocía— levantó la mirada y, gracias a la luz que viajaba a la pantalla, se dio cuenta del leve gesto de Alfred Hitchcock. Entonces puso la mano sobre el hombro del director, dijo "nos veremos pronto" y se fue por la puerta de salida. El editor salió detrás del hombre y le gritó, Hitchcock lo notó mientras la pesada entrada entreabierta volvía a cerrarse, "las cosas no son tan fáciles".

Hitchcock pensó, de inmediato, que el editor era el chantajista y el vestuarista el chantajeado. Buscó entre las sillas a la linda Grace Kelly, actriz principal de la película, y la llevó hasta su oficina, de su mano, para contarle sus teorías, sus descubrimientos, sus temores. Ella oyó todo con muchísima atención, palabra por palabras, y le aconsejó, sin asomo de sensatez, que siguieran al asesino, averiguaran cada detalle y se adelantaran a los hechos. Le dijo "señor Hitchcock: lo mejor es enfrentarlos, retarlos, engañarlos, hacerlos sufrir, burlarlos". Le dijo que lo esencial era acabarlos de una vez por todas. Hitchcock le preguntó si se encontraba bien de la cabeza.

Siguieron juntos al editor en el carro de Grace Kelly. Ella manejaba sin mirar adelante, sin mirar al lado, sin mirar. Hitchcock, inmóvil, tenía el corazón en la mano hasta superar la metáfora. Le horrorizaba cómo conducía Grace, Grace Kelly, pero la adoraba en secreto y en secreto admiraba su carita de ojitos verdes y curiosos y sus discursos cortados en la mitad del camino y sus manos sin equilibrio siempre a punto de tumbar algún objeto. En fin. Siguieron al editor hasta una casa y, cuando descubrieron que era la del vestuarista, estuvieron a punto de morirse del miedo. Si ahora se reunían, si antes habían peleado en un lugar público, se dejaban seguir sin problemas, ¿por qué no pensar que era el plan de una cabeza superior que lo creía el enemigo?

¿Por qué no pensar que todo —la filmación, la mujer asesinada, la nota destrozada, la discusión en la sala de montaje—, absolutamente todo lo ocurrido, era parte de un plan oscuro? Grace Kelly interrumpió su análisis con un estornudo y lo obligó a mirar, orientándole la cara, hacia la puerta de la casa: la mujer asesinada caminaba desde la puerta hacia la calle y caminaba intacta, como si las tijeras no le hubieran hecho daño alguno, por los andenes despejados de aquel barrio vacío. Hitchcock se acomodó la corbata. Le informó a Grace qué estaba pensado. Le dijo "quieren matarme: eso es todo". Y ella le gritó "no puede ser: tienes la muerte en los talones". Hitchcock le preguntó si se sentía bien.

Grace Kelly dejó que sus ojos se abrieran. Y procedió a salir del carro y a acercarse a la casa, para espiar a todos, mientras Hitchcock sentía, desde la silla del copiloto, amarrado al cinturón de seguridad, que los huesos de su cuerpo estaban soldados uno a uno y que eran de hierro y no de lo que son todos los huesos. La vio asomándose a la ventana de la casa inmensa, con cierta risita, y decidió levantarse a salvarla. Fue hasta ella y caminó detrás de sus tacones un buen tiempo. Entraron a la casa por la cocina: Hitchcock le aconsejaba en todo momento, con el mayor de los respetos, que no lo hicieran. Que no se metieran ahí.

Oyeron ruidos en la sala, o en alguna parte. Dejaron abrir un poco la puerta de la cocina y vieron al vestuarista y al editor, en una salita pequeña, estáticos frente a los regaños violentos de una madre llena de verrugas. Sin duda lo esperaban: había un puesto reservado en la mesa, con tenedores y cuchillos mal distribuidos, en la esquina del lugar. La mujer asesinada, de regreso, iba y venía desde dentro de la casa. Quizás iría, en algún momento, a la cocina.

Le dijo a Grace que avanzara: podían abrir la puerta por la que espiaban en cualquier momento. Y fueron juntos, el director y la actriz, por los pasillos y las paredes que en realidad eran una sola biblioteca. La cocina, el baño, los cuartos, la sala, el comedor, todas las habitaciones tenían paredes de biblioteca. La casa encerraba una biblioteca: la casa era una biblioteca. Todos los volúmenes se encontraban en ese sitio, todos los héroes y las tumbas de la literatura, todos los túneles, los insectos, los caballeros, los asesinos, los confesores, los navegantes, los príncipes, los mendigos, los neúroticos, los estúpidos, los detectives, los filósofos esperan ahí, en silencio, a que alguien los dejara salir. Y ahí estaba el pobre testigo Alfred Hitchcock, detrás de una mujer de ojitos verdes, consciente de su inferioridad ante los libros.

CAMINARON POR TODA LA CASA en silencio, con la tranquilidad de que las voces, las palabras que ya no se distinguían, seguían dentro de la sala. Se dirigieron hasta la última alcoba. Y ahí, en aquella habitación de madre perversa, Grace tuvo una revelación: detrás de un retrato de Cervantes, sobre una pequeña repisa repleta de candelabros, había una puertita secreta. Entraron. Avanzaron, con las manos sobre las paredes, hacia el fondo del estómago. Descendieron por una escalera inmensa, en caracol, hasta un territorio oscuro, de metal y cemento, una especie de alcantarilla infinita en donde los perros ladraban como hombres.

Cruzaron ese sótano metálico, con los nervios en otra parte, hasta lo que parecía ser una filmoteca. Se escondieron detrás de una especie de trinchera de piedra. Y vieron, reunidos alrededor de una montañita rollos de 35 milímetros, a un grupo de ancianos dirigidos por un viejo con un bastón poderoso. El viejo ciego se tropezó con el pie de uno de sus seguidores y habló en un idioma que Hitchcock no entendía. Después habló en un inglés mal acentuado. Y dijo que serían echadas a la hoguera, en beneficio del mundo, todas las películas peligrosas: a la hoguera Chaplin, Griffith, Einsestein, Disney, Welles, Buñuel, Renoir, Rossellini, Curtiz, Hawks, Huston, Ford, Murnau, Lang, al fuego todos los otros por siempre y para siempre.

Ciudadano Kane, que se vaya a la hoguera al tiempo que su Rosebud; *La edad de oro,* que se queme con sus sacerdotes y sus cruces; *Casablanca,* que se vaya en el avión junto a Ingrid Bergman; *Cantando bajo la lluvia,* que se ahogue en el fuego con su bailes y sus cigarrillos largos y que ningún paraguas triste la proteja. Que se quemen las caras del chico, del vampiro, del detective, del jeque, de la mujer desamparada. Qué espectáculo inmenso el de esas llamas que consumen cada rollo, qué explosiones perfectas las que destruyen a Mary Pickford, a Douglas Fairbanks, a Marlene Dietrich, a Buster Keaton, a Harold Lloyd. Son dos manos inmensas de fuego las que rezan ahora al infierno. Que se consuman para siempre los chistes, los romances, los actores, las ciudades, las reconstrucciones históricas, las persecuciones, el suspenso. A la hoguera todas sus películas mudas, todas sus películas sonoras, pobre e inmóvil testigo Alfred Hitchcock: a las llamas sus trenes, sus espejos, sus gafas, sus hombres equivocados. Todo el cine puro a la hoguera: por los siglos de los siglos a la hoguera.

El ciego levantó el bastón y, cuando las llamas se extinguieron, salieron todos por un túnel. Grace Kelly tomó a Hitchcock de la mano y lo llevó a través de ese sótano, por encima de las cenizas de película, hasta el lugar por el que habían escapado los pirómanos. El director tomó algunos rollos para recordar el día de la catástrofe, de la peor de sus pesadillas, mientras soportaba una curiosa música de fondo en su cabeza. Avanzaron juntos. Cada esquina era doblada con angustia. Estaban convencidos, más que nunca, de que los esperaban al final del laberinto. Hitchcock contemplaba la posibilidad de haberse quedado dormido en la sala de montaje. Quizás, como en el colegio, un grupo de desconocidos lo veían dormir con la boca abierta.

Pero, ¿si fuera Grace Kelly la del sueño?, ¿si fuera ella la que debía despertarse y por eso él no hubiera podido tomar cartas en el asunto? No, no podía ser un sueño. Sentiría vergüenza en ese caso. En ese caso no sería interesante para nadie. No sería justo semejante final, tampoco, para todo lo que le había ocurrido. "Todo era un sueño": odiaba a muerte esos finales.

ESTABAN, AHORA, en la estación del tren. Contemplaban la posibilidad, ahora, de que todo fuera una broma. El problema era que si eso era cierto, si alguien se reía de ellos en ese preciso momento, entonces tenía que ser un bromista peligroso —una especie de Dalí rencoroso— quien la hubiera diseñado. "Es una broma", se dijo con cierto alivio. "Dalí los contrató: eso es", le dijo a Grace cuando ella volteó a mirarlo. Sólo son actores. ¿Qué día es hoy? ¿Qué horas son? ¿Mañana es 13 de agosto? Pues bien: entonces mañana es mi cumpleaños. Sí, todo durará hasta mañana. Si no se tratara de una broma, de una simple broma pesada, estaría muerto pronto. Las tijeras me habrían cambiado la silueta.

Su corazón latía con paciencia. Podía sonreír si se ponía en la tarea. Si querían jugar semejante juego, pensaba, él lo jugaría sin ningún problema. Quiso decírselo a Grace ("Grace", diría: "juguemos este juego"), pero no la encontró, cuando la buscó con la mirada, por ninguna parte. Pensó, para no enredarse la cabeza con teorías, que ella era parte de la broma. Y fue a una ventanilla de la estación de trenes, entonces, a comprar un boleto para la ciudad siguiente. Iba completamente decidido, claro, como el protagonista de una broma dispuesto a asumirla con todo el profesionalismo posible.

Se miró todo el tiempo los zapatos mientras caminaba. Los vio cuando llegaba al tren elegido, cuando subía las escaleritas al vagón indicado, cuando avanzaba entre los asientos del largo pasillo. Los vio acomodarse, uno sobre el otro, junto a la silla. Se dio cuenta de que se tropezaban con los zapatos de otro hombre. De uno que, por supuesto, le sonreía. A Hitchcock le pareció ver una fotografía: los dientes del hombre que tenía enfrente brillaban en exceso, el pelo era demasiado negro, los zapatos reflejaban a los demás pasajeros. "Imagino que ahora tendremos que hablar de intercambiar asesinatos", dijo Hitchcock al pasajero: "usted asesina a los jefes del estudio en que trabajo y yo asesino a su mujer".

Quería demostrar que se había enterado de la broma, sí, pero el extraño ni siquiera le sonreía y, en cambio, parecía molesto con sus comentarios. "Ustedes los famosos", dijo. "Se creen que pueden jugar con el que quieran". El pobre Alfred Hitchcock sonrió, lanzó un boceto en su cara en verdad, y de inmediato sintió que una especie de pánico lo invadía. Volteó a ver a los demás pasajeros y, mientras saludaba a los que lo reconocían, pensó que de pronto estaba en una realidad. Eso lo obligaba a pensar, entre otras cosas, en el hecho horroroso que era la desaparición —bajo la nueva perspectiva se trataba de una desaparición— de su amada Grace Kelly.

Se levantó de su asiento. Caminó por los pasillos del tren. No sabía si saltar o quedarse o esconderse de todas las miradas que se encontraba. Y de un momento para otro vio, en uno de los compartimientos, a una mujer vendada como una momia. Se acercó a ella, con mucho cuidado, sin saber qué fuerza lo movía. Podía ser la simple curiosidad o el temor a recibir la muerte por la espada, pero iba hacia la momia viva paso a paso y las enfermeras que la cuidaban lo miraban aterradas. El cuarto olía a café y a cigarrillo: eso le molestó profundamente. No sabían cuidar a sus enfermos, los americanos. Se habían acostumbrado demasiado a ellos.

Se acercó a la mujer enferma. Y descubrió, detrás de los vendajes, los ojitos verdes de Grace que le reclamaban ayuda de inmediato. Grace había sido capturada, por Dios, no había bromas ni juegos en aquella pesadilla. Tenía que llegar a la solución del problema, tenía que salvar a su heroína, pero no estaba acostumbrado a las sorpresas ni sabía cómo salir de laberintos de improviso. "Tengo una noticia grave", les dijo a las enfermeras después de un buen rato de mirar hacia sus ojos. "Acabo de oír la terrible noticia de que el café estaba envenenado." Veneno en vez de azúcar, queridas enfermeras, veneno en vez de azúcar.

Las enfermeras no sabían qué cosas decir ni qué cosas hacer. La jefe lo miraba con incredulidad: era alta, mucho más alta que él, y parecía una mujer al revés, como el forro exterior de una chaqueta, mientras juraba por Dios "sabemos quién es el envenenador". La otra enfermera, una de las enanas de las meninas de Velásquez, revisó el fondo de la taza en la que había tomado su café y comenzó a lloriquear cuando Hitchcock anunció, con una sonrisa metódica, "señoritas: ustedes saben que yo no juego con el miedo". "Este café sabía raro", dijo la enana. Y el director respondió "Es el veneno, querida niña, suele saber raro".

La enana gritó "siento una punzada en el estómago" y se refirió a su estómago como su "barriguita linda". La enfermera alta fue a consolarla y, en su camino, sintió una especie de dolor en un costado de su cuerpo. Entonces volteó a mirar a Hitchcock. "Hitchcock nos ha envenenado a todos", gritó enfurecida. Se arrodilló. Y rezó con el fervor que nunca había tenido. "Dios mío", murmuró, "nunca quise acostarme con el señor Van Dyck, ni con el domador, ni mucho menos con los payasos". Y Dios, querida enfermera, está seguro de que ellos tampoco quisieron acostarse con usted. Esas cosas, sin embargo, pasan.

Hitchcock levantó a Grace y la llevó hasta otro compartimiento. Ahí le fue quitando, una a una, las vendas del cuerpo. Y cuando la tuvo en sus brazos, totalmente recuperada, le juró que todo saldría bien. Pronto bajarían de esa máquina infernal. Pronto estarían bien. "En un par de kilómetros hay una estación", se oyó decir. Y aunque sabía que era inverosímil salvarse de la muerte o del ridículo —lo que llegara primero— en ese punto de la historia, tomó las tijeras y el rollo de película que había recuperado en el sótano de la madre insoportable e imitó su silueta, sobre el vidrio de la puerta, con objetos de la enfermería. Vendó a una de las enfermeras para que reemplazara a Grace en la cabeza de los enemigos. Y bajó con ella, en la estación siguiente, disfrazados de cura y de monja.

La estación siguiente era un muelle abandonado. Más allá de ella sólo había un desierto vasto, ajeno, distante, sin señales de pueblos en la distancia. En una de las bancas de la estación, sin embargo, estaba sentada una viejita con un saco lila sobre los hombros y una bolsita de plástico cargada con su billetera y otras cosas. "Pongámoslo en perspectiva", dijo Hitchcock: después de descubrir un asesinato en uno de los rollos de *La ventana indiscreta,* después de seguir a los supuestos asesinos hasta el sótano de una secta, después de huir de un par de enfermeras asesinas, bajar del tren con cuidado de no ser asesinados, nos encontramos con una viejita en piyama. ¿Quién está soñando este sueño de palabras? ¿Eres tú, Grace, que desapareces todo el tiempo?

Se amarró uno de sus zapatos. Caminó con Grace hasta llegar a una casa inmensa, oscura y solitaria. Golpearon a la puerta. Les abrió un hombre de apellido Castel, con los ojos fijos en un punto de fuga, ausente cuando no era él quien tenía la palabra. Sí, el tipo les ofreció su teléfono, les dio vasos con agua, les confesó sus intimidades más secretas, pero Hitchcock sólo oía zumbiditos que lo desconcentraban del plan que, en menos de media hora, seguiría paso por paso: salir de aquel lugar, abrazar a su esposa Alma, conseguir el visto bueno de la Universal para estrenar *La ventana indiscreta* en los próximos meses, tomarse un poco de té y reírse porque le había ganado a los bromistas la batalla. Sí, se diría, la silueta de Hitchcock los aterraba, los vencía, los obligaba a decir más cosas de las que querían decir. Sí, eso era: los había engañado con un par de cosas de la enfermería: no contaban con una solución tan inverosímil a la historia.

Mientras él pedía un taxi a aquella casa perdida en ninguna parte, ellos viajaban en un tren, hacia los montes de Hollywood, convencidos de que Hitchcock estaba acurrucado en uno de los compartimientos. Y no, no era así: Hitchcock estaba en su casa, con su bata de antes de dormir, leyendo un par de libros de segunda para filmar un par de historias de primera. El tiempo se iba, se sumaba, quedaban muchas secuencias por filmar, muchas escenas por editar. Y, ahora que lo pensaba, eso era lo bueno del cine: que sus puntos y sus comas eran precisos, maravillosos, que no eran bolitas ni palitos de mal gusto, pequeños espermatozoides y óvulos de tinta que no respetaban la vergüenza de nadie. Eso era lo bueno del cine: que producía menos vergüenza.

Los bromistas estaban encerrados: no sabían que Hitchcock se quedaba dormido con el libro entre sus brazos, que leía sin leer en ese preciso momento porque estaba cansado, que recordaba bien un par de imágenes: la de Grace despidiéndose de él con el brazo derecho sobre el aire, con sus mejillas y sus sienes y sus manos adoradas, y la de sus propios zapatos, desamarrados sin merecer tantas desgracias, que lo llevaban sin quejarse a donde él quería. Sí, no era una metáfora de ningún estilo: los bromistas iban hacia Hollywood totalmente engañados. Era, de hecho, una imagen: iban encerrados en un tren y no se imaginaban nada.

Narradores del XXI. Cuatro cuentistas colombianos
se terminó de imprimir y encuadernar en mayo de 2005
en Impresora y Encuadernadora Progreso, S. A. de C. V. (IEPSA),
Calz. de San Lorenzo, 244; 09830 México, D. F.
En su composición se usaron tipos EideticNeo
de 11:14, 9.5:14 y 9:11 puntos. Se tiraron 2 000 ejemplares.

SEP 0 1 2016